# 천자문千字文 공부
## [6권]

동봉 스님의

# 천자문千字文
## 공부
### [6권]

동봉東峰 스님 우리말 번역 및 해설

도서출판 도반

# 동봉東峰 스님

강원도 횡성에서 태어나 1975년 불문에 귀의하였다. 해인사 승가대학, 중앙승가대, 동국대 불교대학원에서 공부했다.

법명은 정휴正休, 자호는 일원一圓, 법호는 동봉東峰, 아프리칸 이름은 기포kipoo起泡다.

1993~1997년 BBS 불교방송에서 〈살며 생각하며〉, 〈자비의 전화〉 등 26개월에 걸쳐 생방송을 진행하였다.

동아프리카 탄자니아에서 52개월간 머물며 말라리아 구제 활동을 했으며 한국 불교인으로서는 최초로 아프리카에 '학교법인 보리가람스쿨'을 설립하였고 탄자니아 수도 다레살람에 매입한 학교 부지 35에이커와 킬리만자로 산기슭에 개척한 부처님 도량, 사찰 부지 3에이커를 조계종 산하 '아름다운 동행'에 기증하여 종단에서 '보리가람농업기술대학교'를 세워 2016년 9월 개교, 운영하고 있다.

곤지암 '우리절' 창건주이자 회주로서 책, 법문, 소셜미디어 등을 통해 부처님 법을 전하고 있으며, 특히 〈기포의 새벽 편지〉 연재는 3,700회 가까이에 이르고 있다. 지금은 광주 우리절 주지로서 수행자로서의 삶을 이어가고 있다.

《사바세계로 온 부처님의 편지》, 《마음을 비우게 자네가 부처야》, 《아미타경을 읽는 즐거움》, 《불교 상식 백과》, 《밀린다왕문경》, 《평상심이 도라 이르지 말라》, 《반야심경 여행》, 《법성게》, 《내비 금강경》, 《음펨바 효과》, 《시간의 발자국이 저리 깊은데》, 《동몽선습 강설》, 《디마케터 스님》 등 70여 권의 저서와 역서가 있다.

# 차 례

127 고高관冠배陪연輦 .......... 9

128 구驅곡轂진振영纓 .......... 22

129 세世녹祿치侈부富 .......... 35

130 거車가駕비肥경輕 .......... 46

131 책策공功무茂실實 .......... 49

132 륵勒비碑각刻명銘 .......... 61

133 반磻계溪이伊윤尹 .......... 76

134 좌佐시時아阿형衡 .......... 90

135 엄奄택宅곡曲부阜 .......... 102

136 미微단旦숙夙영營 .......... 118

137 환桓공公광匡합合 .......... 129

138 제濟약弱부扶경傾 .......... 143

139 기綺회回한漢혜惠 . . . . . . . . . . . 156

140 열說감感무武정丁 . . . . . . . . . . . 171

141 준俊예乂밀密물勿 . . . . . . . . . . . 182

142 다多사士식寔녕寧 . . . . . . . . . . . 193

143 진晉초楚경更패霸 . . . . . . . . . . . 205

144 조趙위魏곤困횡橫 . . . . . . . . . . . 217

145 가假도途멸滅괵虢 . . . . . . . . . . . 230

146 천踐토土회會맹盟 . . . . . . . . . . . 244

147 하河준遵약約법法 . . . . . . . . . . . 258

148 한韓폐弊번煩형刑 . . . . . . . . . . . 270

149 기起전翦파頗목牧 . . . . . . . . . . . 281

150 용用군軍최最정精 . . . . . . . . . . . 295

<127>
고高관冠배陪연輦
구驅곡轂진振영纓

0505 높을 고 高

0506 갓 관 冠

0507 모실 배 陪

0508 수레 연 輦

높은관에 천자수레 모시게하니
흔들리는 관끈이여 장관이어라

## 0505 높을 고 高

시골에서 태어나 시골에서 자랐고
겨우 내가 아는 것이라고는
산마루와 산마루를 칡으로 연결하여
거기에 빨래 너는 이야기가 고작이었는데
동네 형이 찾아와 서울 얘기를 해주었습니다.
나는 가능한 한 두 귀를 쫑긋 세웠고
형은 서울 얘기에 신이 났습니다.
특히 동대문과 남대문 이야기는
그의 서울 이야기 중에서 백미였습니다.
남대문은 숭례문崇禮門이라 하고
동대문은 흥인지문興仁之門이라 하며
남대문은 서울의 남쪽에 세운 문이고
동대문은 서울 동쪽에 세운 문이라 했습니다.
50여 년 전의 일입니다.
한 번도 서울을 밟아본 적 없는 내게 있어서
서울 이야기는 정말 궁금했거든요.
그렇다고 정규교육을 받은 것이라고는

국민(초등)학교 4학년이 다였는데
서울의 개념 자체가 들어있지 않았습니다.

킬리만자로Mt. Kilimanjaro
마랑구Marangu 게이트 옆에 위치한
마라웨Marawe라는 작은 산마을에는
킬리만자로의 청초함이 몸에 밴
수더분한 이웃들이 모여 살고 있습니다.
마랑구 게이트가 해발 1970m 고지이고
마라웨는 2000m 고지를 약간 웃도는데
외국인이 자리를 잡기 시작하면서
매일 4~50여 명은 늘 놀러왔습니다.

마을 주민들 중에는 내 또래도 많았는데
아직 한 번도 킬리만자로의 주도州都 모시Moshi를
본 적이 없는 이가 있었습니다.
마랑구 타운 버스정류장에서
달라달라Daladala(타운버스)를 타고 1시간 정도면
충분히 닿을 수 있는 거리인데
일부 주민들에게는 그런 여유조차
평생토록 주어지지 않는 이들이 있었습니다.
태어난 자리에서 자라 그나마 형편이 닿으면

초등학교를 가고 자란 자리에서
가정을 이루고 농사를 짓고 가축과 함께 살다가
다시 태어난 그 마을에서 떠나가는 이들이 의외로 많은
그야말로 벽지 중 벽지였습니다.
주어진 공간이 벽지이기도 했지만
정작 엄청난 벽지는 벅찬 삶이었습니다.

코리아 쿠시니Korea Kusini(대한민국)에서
미국이나 유럽, 또는 일본 등 선진국도 아니고
동아프리카 탄자니아의 구석진 산골 마을
2000m 고지 높은 곳에 와서 산다는 게
신기하다면 신기했을 것입니다.
가까운 읍내도 나가보지 못한 채 살다 죽는데
외국에서 그 먼 곳 킬리만자로까지 와서
땅을 매입해 산다는 게 말입니다.
그들이 내게 아프리칸 네임을 지어준 게 바로 그때
그게 동기였습니다.
그들 얘기로는 그때까지 어느 누구도 킬리만자로 땅을 산
외국인이 없었답니다.
원체 유명한 산악 관광지니까
사글세로 방을 얻어 온 사람은 있었겠으나
땅을 매입한 외국인은 내가 처음이랍니다.

킬리만자로 정상이 키보kibo봉입니다.
이는 영국의 탐험가 리빙스턴(1746~1813)이
킬리만자로를 발견하고 붙인 이름이고
현지인이 부른 이름은 키포- Kipoo입니다
스와힐리어로 모음의 중복은 장음이지요
따라서 Kipoo는 '키푸'가 아니라 '키포'입니다
다만 '포-'를 길게 발음할뿐입니다
'기포의 새벽 편지'의 바로 그 '기포'입니다.

그때부터 내 아프리칸 네임은 키포가 되었고
나는 《금강경》〈제32 응화비진분〉의 게송 포영泡影에서
'포泡'를 따온 뒤, 움직씨 '기起'를 접두어로 붙였습니다.
〈키보Kibo〉〈키포Kipoo〉 기포起泡입니다.
그리고 한국에 돌아온 2009년 여름에 아는 지인으로부터
주명덕 선생의 성철 큰스님 사진집 《포영집》을 받았습니다.

나도 어렸을 적 그랬습니다.
초등학교도 제대로 나오지 못했다며
되려 나를 이상하게 보는 이들도 있었습니다.
한 방에서 얼어 죽고 데어 죽는 법입니다.
킬리만자로 마랑구 마라웨에서도 어떤 이들은
마랑구를 벗어나지 못했습니다.

그런데 어떤 이는 탄자니아 전역은 물론
심지어 잉글랜드 케임브리지 대학교에서
동물학을 연구한 친구도 있었습니다.
요즘 와서 천문학자들은 얘기합니다.
세상은, 우주는 멀티플렉스Multiplex라고요.
거대한 우주만이 멀티플이 아닙니다.
작은 마을에서도 멀티플이 있고
같은 가족 내에서도 다중 세상이 펼쳐집니다.
너와 나라는 둘 이상의 존재만이 아닙니다.
'내 마음'이라는 하나의 마음 속에서도
동시에 두서넛 이상의 갈등이 일고
대여섯 예닐곱 가지 갈등이 같이 일어납니다.

청소년기에 가장 부러운 게 있었습니다.
높을 고高 자 배지를 한가운데 붙인
고교생 친구들의 모자였습니다.
교복은 둘째치고라도 모자는 써보고 싶었지요.
고高 자가 고高 자로 된 친구도 있었는데
아직까지도 이유는 잘 모르겠으나
고高 자보다 고高 자가 더 좋아보였습니다.
글자가 늘씬해 보여서였을 것입니다.
내게 있어서 고관高冠은 교모校帽였습니다.

고등학교 다니는 친구들의 모자가
내게는 높은 관高冠이었습니다.
고등학교가 최종 교육기관은 아니지요.
대학과 대학원으로 진학하고
석박사에서 전문교수로 이어지겠지요.
고교 모자에 대해 부럽다고 하면
요즘은 그게 뭐 그리 부럽냐고 할 것입니다.

킬리만자로 산기슭에 태어나 살아가면서
그 지역의 주도州都인 모시Moshi에
한 번 나가보는 게 소원이라 하면
그게 무슨 소원이 되겠느냐며
쉽게 생각할 수도 있을 것입니다.
오죽 삶이 어려웠으면 읍내 한 번 못 나갔을까요.
고등학교까지는 아니더라도
지금 중학교까지는 의무교육이기 때문에
누구든 다니는 게 일반적입니다.
따라서 교모를 쓰는 게 대단하지 않습니다.
옛날에는 교모가 고관高冠이었는데
지금은 일반화되어버렸습니다.
이처럼 높은 관 높은 벼슬에 대한 인식이
앞으로 고교가 의무화되듯

국민들과의 소통에서 같은 높이였으면 합니다.

마운틴 킬리만자로 마라웨에 있던 친구가
내게 한 말이 생각납니다.
"매스터! 여기가 높은 지대라 하는데
알고 보면 그리 높지 않습니다.
여기가 뭐가 높습니까?
며칠 뒤면 바로 적응됩니다."
그 말이 있고 나서 이틀쯤 지나니까,
산소가 약간은 부족하다고 느껴지던 것이
언제 그랬느냐는 듯 바로 정상화되었습니다.
높을 고高 자는 그 자체로 부수입니다.
높을 고高 자는 상형문자입니다.
글자 자체가 높은 망루를 표현하고 있습니다.

## 0506 갓 관 冠

갓이란 머리에 쓰는 모자입니다.
고관高冠과 고관高官은 다릅니다.
고관高冠은 모자가 높은 것이고
고관高官은 벼슬이 높은 것입니다.
벼슬이 높은 자가 모자도 높게 쓰기 때문에
따지고 보면 결국 같은 말이기는 합니다.
갓, 관, 닭의 볏, 관례, 관례를 올린 성인, 성년,
나이 스무 살을 일컫는 말, 으뜸, 우두머리, 갓을 쓰다
무리에서 뛰어나다, 덮다 따위의 뜻이 들어있습니다.

갓 관冠 자는 민갓머리冖가 부수입니다.
늘 얘기하지만 부수가 뜻을 상징하지요.
그리고 아래에는
으뜸 원元 자와 마디 촌寸 자로 되어 있습니다.
갓머리宀와 민갓머리冖는 같이 쓰입니다.
둘 다 집이거나 머리, 우주, 하늘의 뜻입니다.
으뜸 원元도 뜻은 머리지요.

머리에 마음寸을 쓰니 마음씀이 무엇입니까?
손질입니다.
따라서 갓을 뜻하거나 갓 만드는 일입니다.
관冠은 머리에 쓰던 쓰개이기도 합니다.
검은 머리카락이나 말총 따위로 정교하게 엮어 만드는데
사각으로 된 방형方形이 있고,
겹친 날개 모양의 복익형複翼形이 있으며,
조그만 형태의 편형扁形의 관이 있습니다.

## 0507 모실 배 陪

# 陪

모시다, 수행하다, 돕다, 보좌하다, 다하다, 보태다
견주다, 물어주다, 상환하다, 흙덩이, 배신陪臣
가신家臣의 뜻입니다.
배陪 자를 놓고 보면 부수 좌부방阝에
침 부/침 뱉을 부咅를 쓰고 있는데
침은 입口에서 나오고 침을 뱉으려면 돋구어立야 합니다.
따라서 '북돋울 배培는 흙토변土에 쓰지요.

누군가를 모신다는 것은
그가 내게는 의지처가 되는 분이며,
또한 내가 그에게 기댈 곳이 되는 까닭에
좌부방阝을 왼쪽에 둔 것입니다.
우부방이 고을 읍邑 자라면 좌부방은 언덕 부阜 자입니다.
고을 읍邑이 평지를 의미한다면
좌부방은 흙무더기 쌓여 높아진 곳 언덕입니다.
부방으로 쓸 때는 좌우 같은 '阝'를 씁니다.

## 0508 수레 연(련) 輦

가마연/련輦으로 새기기도 합니다.
수레라고 할 때는 바퀴가 있고,
가마라고 할 때는 바퀴가 없습니다.
그러므로 새길 때 가마냐 수레냐에 따라
약간의 의미를 달리합니다.
높은 분을 모실 때 몸무게가 나가는 남자는 수레로
몸무게가 가벼운 여자는 가마로 모셨습니다.
절에서는 천도의식을 봉행할 때
불보살님을 청해 모십니다.
아미타불 관세음보살 대세지보살인데
모두 앞길을 인도하는 인로왕보살입니다.
인로왕보살은 지장보살을 뜻하기도 하지요.
이때 모시는 탈것이 바로 가마輦입니다.

일설에서는 천도 대상의 영가를 모실 때
영가의 탈것이 연輦인데 불보살님이든 영가든
실제 무게는 없습니다.

따라서 바퀴 있는 수레가 아니라
바퀴 없는 가마라고 하는 경우도 있습니다.
지체가 높은 분일 경우 소지품이 있기에
몸무게 못지않게 무게가 나가므로
수레 앞에 두 사람夫이 수레를 들고 나갑니다.
으레 수레 뒤에도 두 사람이 있겠지만
수레련輦 자에는 생략되었습니다.

수레를 여러 사람이 끈다는 것은
자동차의 마력Horse Power과 같아
수레 끄는 사람의 숫자에 따라
수레 안에 탄 분의 지체가 가늠됩니다.
두 남자가 있는 연輦은 불보살님을 모시거나
천자, 황제를 모시고 또는 임금을 모시며
소중한 영가를 모시는 수레輦입니다.
끄는 사람, 드는 사람이 여럿이란 의미지요.
그런데 나는 시련절차侍輦節次에서
시련에는 천도 대상의 영가 분이 아니라
불보살님으로 한정짓고 싶습니다.

&lt;128&gt;
고高관冠배陪연輦
구驅곡轂진振영纓

0509 몰 구 驅

0510 바퀴통 곡 轂

0511 떨칠 진 振

0512 갓끈 영 纓

높은관에 천자수레 모시게하니
흔들리는 갓끈이여 장관이어라

## 0509 몰 구驅

# 驅

몰 구驅 자 외에 많은 '몰 구' 자가 있습니다.
몰 구驅, 몰 구駆, 몰 구敺, 몰 구駈, 몰 구驱, 몰 구駄
몰 구/때릴 구毆, 몰 구, 때릴 구毆 자 등이 있습니다.
간체자로는 몰 구驱 자를 씁니다.
'말'은 움직씨의 표본입니다.

입을 통해서 나온 말言과
초원 위를 달리는 말馬이 소릿값에서 나타나듯
정지가 본능이 아니라 움직임이 본능이고 본바탕입니다.
가축 중에서 소나 닭이 있지만
말은 'ㄹ'받침을 갖고 있으면서
계속해서 움직이려는 속성을 발휘합니다.
따라서 '말馬'을 '말'이라 발음한 것은
발 없는 말이 천리를 가듯
언어의 이동 속성에서 가져온 것이며
입을 통해 나오는 말을 '말'이라 발음한 것도
달리는 말의 속성에서 가져온 것입니다.

곧 언어로써의 말과 달리는 말의 '말'이
같은 소릿값을 지닌다는 것은
둘의 속성을 같은 것으로 본 것입니다.
몰 구驅에서 보면 말馬은
사람을 태우거나 수레를 끄는 역을 맡고 있는데
말에게는 어느 것이나 하기 싫은 역할입니다.
그러기에 가능하다면 거부하려는 본능이
말의 두뇌에서는 작용하고 있습니다.
그러기에 마부는 채찍을 듭니다.

교편지마嚙鞭之馬라는 말이 있습니다.
'제 채찍을 씹는 말'이란 뜻입니다.
만약 말의 입장에서 생각해 보면
몇 번이든 자기의 채찍을 씹고 싶을 것입니다.
주인의 채찍은 자기를 때리는 것이니까
주인의 말을 안 듣기보다
아예 자신을 때릴 채찍을 씹는 것이지요.
그렇다면 돌아오는 게 무엇이겠습니까?
채찍을 씹은 댓가를 말은 치르게 될 것입니다.

몰 구驅 자의 소릿값 구區 자는
구분할 구, 지경 구, 숨길 우로 새깁니다.

이 지경 구區 자는 행정구역 단위입니다.
이 지경 구區를 자세히 보노라면
안에 품品 자가 들어있습니다.
여러 가지 물품이 가득 들어있다는 것이지요.
사람의 힘은 말에 비해 한계가 있습니다.
손에 들고 다니는 게 한계가 있습니다.
남자는 등에 짊어지고 여자는 머리에 이더라도
자기 몸무게 이상을 지탱하기 어렵습니다.

그러나 말은 사람보다는 힘이 강합니다.
실제로는 강해서 강한 것이 아니라
채찍 때문에 어쩔 수 없이 감당하는 것입니다.
지경 구區 자를 자세히 들여다보면
물품 담은 그릇의 한쪽을 터놓았습니다.
구청區의 창고에 있는 물품들은
구민區民들에게 되돌려주어야 하는 것입니다.
구민들의 납세로 모은 것이라면
살림살이에 쓰되 독식하지 말라는 뜻입니다.

몰 구驅 자를 놓고 자세히 보면 말을 몰고 수레를 몰되
달아날 곳을 열어놓고 몰라는 것입니다.
감출혜몸匸의 한 녘이 터진 것은

구청區의 살림살이品에 있어서
감춤과 공개匸의 묘를 잘 살리라는 것입니다.
몰 구驅 자에 담긴 뜻은 말을 타고 몰다, 빨리 달리다
내쫓다, 내보내다, 몰아내다, 축출하다, 내침
줄을 지어 늘어선 행렬, 대열. 앞잡이 따위입니다.


## 0510 바퀴통 곡轂

한 마디로 '군사軍士/軍師의 회초리殳'입니다.
군사는 전략가戰略家며 지휘자입니다.
바퀴통에는 포텐셜 함수가 있습니다.
잠재적인 힘이 들어있는 것이지요.
포텐셜의 위치 에너지는 바퀴통입니다.
수레 바퀴에는 한복판에 차축이 있고
차축 겉으로 바퀴통이 있습니다.
바퀴통轂에서 바퀴살이 퍼져나가고 있는데
이 바퀴통이 영어로 허브Hub지요.
바퀴통에는 퍼져나갈 바퀴살이 박혔는데

만일 바퀴살이 꽂힐 바퀴통이 없다면
바퀴살도 힘을 받지 못하게 되어 있습니다
바퀴살 한쪽이 바퀴통에 박혀있더라도
테Rim가 없다면 지탱할 곳이 없어져
어떤 힘도 받지 못합니다.

이는 마치 우산 살통에서 고장난 우산살처럼
아무런 힘도 받지 못할 것입니다.
우산을 펼쳐보면 포텐셜 위치 에너지와
한편으로는 손잡이를 감싸면서
우산살을 지탱하는 손잡이통과 우산살의 관계
그리고 펼쳐진 우산살 쪽의 테를 통하여
우산의 전체적 힘의 조화를 엿볼 수 있습니다.

우리가 수레바퀴 하나에서도
서로서로 알맞는 긴장과 이완 속에서
위치 에너지와 운동 에너지의 관계를
제대로 이해할 수 있는 것처럼
사람과의 관계성을 이해할 필요가 있습니다.
진리는 어디에나 존재합니다.
날씨가 꾸물대거나 추적추적 비가 내리거나
느닷없이 쏟아지는 비를 피하려고

지하철 입구에서 구입한 하찮은 우산에도
생각지 않은 과학과 진리가 들어있습니다.
가정에서는 가장이 굴대이고
며느리자 엄마이자 주부가 바퀴통입니다.
굴대는 겉으로 드러난 힘이 아닙니다.
바퀴통을 지탱하는 힘이지요.
이 바퀴통이라는 가정주부가 가장과 가족들의 관계를
균형 있게 설정하며 긴장과 이완을 적절하게 유지합니다.

가정뿐만이 아닙니다.
국가와 국민의 관계도 마찬가지입니다.
왕조에서는 왕과 대신들을 허브로 하여
백성들과의 관계를 바퀴살처럼 유지합니다.
백성들 없는 왕실이 없듯이
국민을 떠난 정부가 있을 수 없습니다.
마찬가지로 바퀴통 없는 바퀴살은 없습니다.
굴대 없는 바퀴테도 존재하지 않습니다.

지금으로부터 꼭 23년 전의 일입니다.
나는 나의 소중한 도반스님의 부탁을 받고
책의 해제를 써 준 적이 있습니다.
그 책 목차에는 내 글이 빠져 있었지만

아무튼 나는 17쪽에 이르는 글을 썼습니다.

이름하여 《관음예찬기도문》이었는데

145~161쪽에 들어있습니다. 내용은

1. 경전, 과연 무엇인가?

2. 어떻게 읽을 것인가

3. 관음신앙의 경전群

  (1) 천수경

  (2) 관음경

  (3) 관음예문

4. In Potentia였습니다.


인 포텐샤In Potentia라는 글은

해인도를 중심으로 법계 원리를 설명하였지요.

이 '인 포텐샤'야말로 가능태의 세계입니다.

해인도海印圖 한가운데서 시작되어

사종무애법계四種無碍法界를 돌고돌아

다시 중앙에 이르러 끝을 맺는

의상의 법성게 법法에서 시작해서 불佛로 끝을 맺고

이 불에서 다시 법으로 이어지는 해인세계입니다.

이는 마치 바퀴통에서 바퀴살을 통해

바퀴테에 중앙의 힘이 전달되고

바퀴테에 박힌 바퀴살의 다양한 힘이 역시 바퀴살을 통해

가운데 바퀴통에 이어지는
힘의 이완과 긴장의 연속성과 같습니다.
해인도에서 표현하는 화엄의 세계와
이 《천자문》 구곡진영驅轂振纓의 세계는
승속을 떠나 진리는 이어져있다는 것입니다

바퀴통, 수레, 수레 바퀴, 묶다, 곡식, 밀다, 추천하다
모으다, 맺다, 통괄하다, 낱낱의 일을 한데 묶어서 잡다
맞붙다 따위의 뜻이 담겨 있습니다.
앞서 얘기했듯 군사軍士의 회초리殳입니다.
이 군사의 회초리가 바퀴통 곡轂 자 파자입니다.
간체자는 이렇게毂 쓰고 있습니다.

### 0511 떨칠 진振

바이브래이트Vibrate라는 말이 있듯이
흔들림이고 떨림이고 움직임입니다.
떨치다, 떨다, 진동하다, 구원하다, 거두다, 건지다

규휼하다, 떨쳐 일어나다, 들다, 속력을 내다
무리를 지어 날다의 뜻이며 들어올리다, 열어서 내놓다
열다, 받아들이다, 수납하다, 뽑다, 뽐내다, 조사하다
알아보다, 무던하다, 오래되다, 버리다, 내버리다
멎다, 그만두다, 홑겹, 한 겹 따위입니다.

재방변 ⻏ 부수에 별 진辰 자가 소릿값입니다.
알고 보면 별이야말로 떨고 있습니다.
별이 떨고 있다니요.
별이 추워서 떨고 있습니까?
별이 천적을 만나 두려워 떨고 있습니까?
그런 것을 다 떠나 별은 흔들립니다.
흔들리지 않는 별은 죽은 별입니다.
별이 죽다니요.
별이 생명이 있습니까?
그렇습니다. 별도 생명을 가진 존재입니다.
가이아Gaia 이론은 지구 이야기일 뿐
별에는 해당하지 않기 때문에
별이 살았다 죽었다 하지는 않는다고요?
천문학자가 아니더라도 지구가 행성이고 별이란 사실은
이미 다들 알고 있는 공개된 지식입니다.

궤도를 돌고 있는 위성衛星뿐만 아니라
우리 태양계의 허브 태양을 중심으로
쉼 없이 돌고 도는 행성行星들도 흔들리고
심지어 붙박이 별恒星이라는 태양도
행성들을 데리고 은하계에서 움직입니다.
지구가 태양 주위를 공전하는 속도가
초속 30km로 음속의 88배입니다.
그런데 태양의 공전속도는 얼마나 될까요.
지구의 공전 속도에 비해 7배 반이나 빠릅니다.
이는 음속으로 환산하면 638배입니다.
행성과 위성들을 주렁주렁 거느린 채
이토록 빨리 달린다고 하는 것은
태양과 같은 항성도 움직인다는 사실입니다.
옛사람들이 재방변 扌 에 진辰을 붙여
떨칠 진振 자로 만든 것이야말로
실로 번뜩이는 지혜자라 할 것입니다.

열심히 달려가는 수레가 있습니다.
수레는 아름답게 꾸며졌습니다.
말들도 갖가지로 치장을 했습니다.
천자가 탄 수레인데 이들 수레를 중심으로 하여
앞뒤로 셀 수 없는 많은 수레가 달립니다.

길이 거친 게 아니라 말이 끄는 수레입니다.
말은 자동차 엔진처럼 조용하지 않고
네 발을 번갈아 가며 내딛는 까닭에
수레가 흔들릴 수밖에 없습니다.

수레가 흔들림을 어떻게 알 수 있을까요.
바라보는 자가 흔들리지 않기 때문입니다.
같은 속도等速로 달리는 자는 제 속도도 느끼지 못하며
다른 수레의 흔들림이 보이지 않습니다.
흔들리지 않는 자이기에 흔들리며 달리는 수레가 보입니다.
전에는 생각했습니다.
'움직이는 사물을 어떻게 재지?'
움직이는 사물을 재려면 재는 사람은
움직이지 않아야 한다고 보았지요.
어느 날 드러머를 보며 생각이 바뀌었습니다.
드럼을 이해하려면 드러머와 같이
마음이 함께 두드리고 움직여야 한다고
뉴트리노中性子를 재려면 스스로 뉴트리노가 되어야 하고
중생을 교화하려면 중생의 마음이 되어야 한다고요.

## 0512 갓끈 영 纓

# 纓

갓끈纓은 소재가 실糸입니다.
실로 짠 갓끈이 바람에 날아가지 않도록
두 가닥으로 내려와 턱밑에서 묶습니다.
갓끈에 신분의 높낮이가 표현되지요.
천자의 갓끈이 다르고 제후의 갓끈이 다르며
처사處士의 갓끈이 다릅니다.
모양새가 다르고, 컬러가 다르고, 소재가 다르고,
길이와 굵기가 다르고, 갓끈에 놓은 수가 다 다릅니다.
머리 위에 꽂은 소녀女의 꾸밈賏처럼
영롱하게 빛나는 갓끈입니다.

## <129>
## 세世녹祿치侈부富
## 거車가駕비肥경輕

0513 **인간 세世**

0514 **녹봉 녹祿**

0515 **사치할 치侈**

0516 **부자 부富**

세록일랑 넉넉하여 사치가깝고
모는수레 가벼웁고 말은살쪘네

## 0513 인간 세世

# 世

세상世의 생명이 살아가는 환경은
시방十方이란 공간과 삼세三世란 시간입니다.
어느 누구도 이 두 가지 환경을 벗어나
숨 쉬며 살아가는 이들은 아무도 없습니다.
사람도 없고 세균도 없습니다.
《금강경》〈제3장 대승정종분〉에서는
아홉 부류로 중생들을 나누고 있습니다.

1. 알로 태어난 생명卵生
2. 태로 태어난 생명胎生
3. 습기로 생긴 생명濕生
4. 변화로 생긴 생명化生
5. 모습을 지닌 생명有色
6. 모습이 없는 생명無色
7. 생각을 지닌 생명有想
8. 생각이 없는 생명無想
9. 생각이 있지 않거니와 없지도 않는 생명非有想非無想

이들 아홉 부류 중생을 놓고 보면
스웨덴의 식물학자로서 생물 분류학의 기초를 놓은
칼 폰 린네가 혹시 '금강경을 접한 사람이 아닐까?'
하는 착각을 일으킬 정도로 완벽합니다.
부처님과 칼 폰 린네의 생몰연대 차이는
2,330년이라는 긴 시간이면서도
생물 분류에 있어서는 상당 부분 같습니다.

부처님은 생물 분류에 생각의 유무를 집어넣고 있는데
린네 박사는 식물과 균류를 넣고 있습니다.
부처님은 모습을 갖고 있지 않은 것도
생명의 한 부류로 넣고 있는데
칼 폰 린네는 모습이 있는 것에 국한시킵니다.
부처님은 생명에 생각이 있는 것도 아니고
없는 것도 아닌 게 있다고 하셨는데
린네 박사의 생물 분류에서는
아예 무상無想 생명이란 언급조차 없습니다.
아리스토텔레스는 부처님보다 약 240년 늦게
세상에 태어났는데
그의 생물학 분류도 수준이 꽤 높은 편입니다.
내가 보기에는 어쩌면 칼 폰 린네 박사는
이 두 분의 분류를 모두 참조했을 것입니다.

명심보감 천명편天命篇에 이런 글이 있습니다
종과득과種瓜得瓜/외를 심어 외를 얻고
종두득두種豆得豆/콩 심어 콩 얻음이여
천망회회天網恢恢/하늘 그물 넓고 넓어
소이불루疏而不漏/성글되 새지 않는다.

세상이란 셋방世方은 성깁니다.
지구 밖으로 나가는 것을 방해하는 것은
눈을 씻고 보더라도 찾아볼 수 없습니다.
하늘 그물은 밀도가 매우 약합니다.
지구 밖으로 뛰쳐나가겠다면
어느 누구도 붙잡지는 않을 것입니다.
단 한 가지가 있다면 기압과 중력의 법칙이 있을 뿐입니다.
삼세三世와 시방十方을 묶어 셋방世方이고
시방과 삼세를 묶어 방세方世입니다.
우리는 셋방世方살이를 하면서
지불해야 할 방세方世는 잘 내지 않습니다.
우리 인간만이 아닙니다.
아홉 부류 중생이 모두 셋방에 살면서
제때에 방세를 내지 않은 채무자 신세입니다.

세상이란 셋방을 살아가면서

내지 않은 방세는 반드시 치러야 합니다.
과거 현재 미래라는 시간世을 누리고
동서남북 사유四維 상하 공간方을 차지하면서
공간 사용료方와 시간 누림세世를
떼어먹을 수 있겠습니까.
인간 세世 자는 한 일一 자가 부수입니다.
본자本字는 인간 세卋 자이고 옛글자는 인간 세丗 자며
같은 글자로는 인간 세世 자입니다.
어느 글자나 서른 삽卅 자가 들어있습니다.
따라서 인간 세世 를 대 세世라고 새깁니다.
제너레이션Generation입니다. 그 기간은 약 30년입니다.

세록世祿이란 대를 이은 작록爵祿입니다.
한 번 제후에 봉해지면 대를 잇습니다.
황제에게 천자에게 군주에게 반역의 마음을 품지 않고
혹세무민하지 않는다면 대를 잇습니다.
이를 세습世襲, 세습권이라 하고
세습권에 의한 세습재산 세습군주라 합니다.

담긴 뜻으로는 인간, 일생, 생애, 한평생, 대代, 세대
세간, 세상 일반, 시대, 시기, 맏, 백년, 성의 하나
여러 대에 걸친, 대를 잇다, 대대로 사귐이 있는

대대로 전해오는 등 다양한 뜻을 간직하고 있습니다.

### 0514 녹봉 록祿

보일 시礻 가 부수며 뜻을 담고 있습니다.
나무 새길 록彔이 소릿값입니다.
보일 시礻 가 부수라면 녹은 하늘이 주는 것
높은 곳에서 주는 것으로 본 것입니다.
녹祿은 천자가 내리는 봉급이고 신이 내리는 월급이며
신의 선물입니다.
천자天子는 '하늘의 아들'로도 새기지만
'자子'는 접미사일 뿐 그대로 그가 '하늘'입니다.

고대 한문이나 현대 중국어에서도
이름씨 뒤에 접미사를 붙여 이름씨를 돕습니다.
특히 이름씨가 한 글자로 이루어진 경우
대부분 접미사가 따라 붙습니다.
공안公案을 뜻하는 화두話頭가 좋은 예지요.

이 '화두'를 번역할 때 '말 머리'라 하는데,
이는 마치 '미자美子'라는 여성의 이름을
'아름다운 아들'이라 번역함과 같은 꼴입니다.
대이름씨든 홀로이름씨든 이름씨는 때로
통째로 소화해야 합니다.
화터우話頭Huatou는 그냥 '화두'입니다.
'말 머리'가 아니라 '화두'일 따름입니다.
아들 자子 자와 같이 머리 두 頭자도
접미어로 쓰이는 경우가 많습니다.

물론 이름씨 뒤에 붙이더라도 앞의 이름씨가 생명체거나
시각적으로 구분이 가능할 경우에는
'머리'로 해석할 수 있습니다.
우두牛頭=소머리(소는 생명체)
서두書頭=책머리(책은 시각 가능) 등
아무튼 그럼에도 불구하고 요즘은 사전에서조차
'말 머리'로 표기하고 있습니다.
관리의 봉급을 녹祿이라 합니다.
복과 행복도 녹祿이라 하고 제사에 쓰는 고기
제육祭肉이 녹입니다. 녹을 주다, 봉급을 주다
복을 내리다, '나라의 녹을 먹다(받다)'라고도 쓰지요.

## 0515 사치할 치 侈

# 侈

지나침은 정도程度를 벗어남입니다.
'사치하다'할 때 쓰는 치侈가 한 예입니다.
예로부터 성性과 관련된 언어는 직접적이기보다
대개 은유적으로 쓰였습니다.
이를테면 《군밤타령》에서
군밤은 '군불', '군소리' 라고 하듯
특별한 목적 없이 그냥 지새는 밤입니다.
옛날 농가에서는 불을 지필 때 밥 짓고,
여물 쑤고, 물을 데웠습니다.
그런데 물도 끓이지 않고, 소죽, 여물도 쑤지 않고,
그렇다고 밥도 짓지 않고 그냥 때는 불
사랑채에 난방만 목적으로 지피는 불을
우리는 군불이라 불렀습니다.

혼자 지새야 하는 밤이기에
이를 '군밤'이라 일컫게 된 것입니다.
남편은 연평바다로 고기잡이 나가고

아내 홀로 남아 지새는 밤 '군밤'입니다.
노래 가사에는 정부情夫가 있습니다.
개가 짖어 정부가 접근할 수가 없음을
안타깝게 여기는 대목은 이《군밤타령》의 백미입니다.

이처럼 남편과 정부 사이에서 외롭게 지새야 할
'군밤'의 소재를 두고
겨울에나 구워먹을 군밤Chestnut이라니요.
게다가 더 가관인 것은 후렴에
"에헤라 '생율밤生栗-'이로구나"라고 하니
도저히 말도 안 되는 것입니다.
이는 단언하건대 생율밤이 아니라
'쌩으로 지내는 군밤'의 뜻입니다.
창으로까지 불리는 애환의 노래 소재가
겨우 체스트넛, 밤栗이라고요?
군밤타령이 2절 3절로 점차 이어질 때
외로움을 소재로 한 '군밤'이 진하게 느껴집니다.

사치할 치侈 자를 들여다보면
사람인 亻부수에 소릿값으로 많을 다多 자를 붙였습니다.
많을 다多 자가 함께한 글자들은 '치' '지' '이'처럼
대개 모음이 'ㅣ'로 끝납니다.

그리고 내용은 '지나침'의 뜻이고요.
저녁夕이 두 번 겹치다多의 의미는
성생활의 은유적 표현입니다.
'하룻밤夕에 두 번은 많다多'는 뜻입니다.
또 다른 설에 따르면 '매일 밤夜은 과하다多'의 뜻입니다.
밤 야夜 자에도 저녁 석夕 자가 들어있어
밤과 저녁이 같은 어스름달夕임을
표현하고 있다 할 것입니다.
완전한 달은 달 월月 자를 쓰지만
저녁 석夕 자와 밤 야夜 자에 들어있는 석夕은
달 월月 자에 비해 획 하나가 빠져 있습니다.
그래서 어스름달夕을 상징한다고 본 것입니다

많을 다多 자가 들어간 글자들을 볼까요?
땅을 믿을 치垑, 미녀 치예쁠 제姼, 입 딱 벌릴 치哆
지나칠 치誃, 눈꼽이 덕지덕지할 치眵, 치렁거릴 치袳
시루 치銺, 헤어질 치誃, 사태날 치阤, 버릴 치挆
믿을 치恀, 넓을 치庢, 넓을 치庌, 불이 성할 치炑
살찔 치胅, 달릴 치駼, 큰 도랑이 있을 치邩가 있습니다.

사치할 치侈 자에 담긴 뜻은 사치하다, 무절제하다
난잡하다, 많다, 과장되다, 과분하다, 오만하다, 크다 넓다, 벌리다, 떠나다, 벗어나다, 호사, 사치 따위입니다.

### 0516 부자 부 富

뜻을 지닌 갓머리 ㅗ 부수에
소릿값 가득할 복 畐 자를 아래에 놓았습니다.
부유하다, 재산이 넉넉하고 많다
기운이나 세력이 한창 왕성하다
매우 넉넉하고 많다, 가멸다, 어리다
풍성하고 풍성하다, 성하다, 세차다
부자, 행복 따위의 뜻이 들어있습니다.
'가멸다'는 그림씨로서 넉넉하고 많음이지요.
가득할 복 畐 자는 '가멸다'의 뜻입니다.
부자 富의 기준은 어느 정도일까요.
첫째 편히 쉴 수 있는 집 ㅗ 한 채입니다.
둘째 하나 ㅡ 된 화목한 가정 口 입니다.
셋째 번듯한 직장 田 입니다.
이 세 가지가 온전할 때 그는 부자입니다.

## <130>
세世녹祿치侈부富
거車가駕비肥경輕

0517 **수레 거** 車

0518 **멍에 가** 駕

0519 **살찔 비** 肥

0520 **가벼울 경** 輕

세록일랑 넉넉하여 사치가깝고
모는수레 가벼웁고 말은살쪘네

짐을 내린 빈 수레는
신이 나서 징그랑輕 쟁그랑輕
일 없어 살찐 말들은
연신 푸肥 푸肥!

통일이 되었으면 싶습니다.
작디작은 한반도, 쇠띠鐵帶로 묶인 나라
어서 쇠띠를 걷어내었으면 싶습니다.
전차戰車는 실린 짐을 부리고
가벼울 대로 가벼워졌으면 싶습니다.
평화가 정착된 세상에서 할 일 없어진 말들이
목장에서 풀이나 뜯었으면 싶습니다.
한국전쟁 발발한 지 예순아홉 해가 되도록
종전終戰 아닌 휴전休戰 상태로 또 하마 예순여섯 해
싸움 붙였다 말렸다 한 작자들
우리 작은 한반도 앞에 놓고
이해득실 따지지 말고 통박 좀 재지 말았으면 싶습니다.
그렇습니다. 전차에 실은 짐 모두 다 내리는 날
마음은 비워지고 욕망도 내려놓게 될 것입니다.
북핵은 말할 것도 없이 지구상 모든 핵이
남김없이 다 폐기되었을 때
세계 평화는 더 빨라지고 지구촌 인류는

어깨춤을 들썩일 것입니다.

가벼워진 수레는
신이 나서 뎅그랑輕 덜컹輕
초원의 살찐 말들은
시도 때도 없이 푸肥 푸肥

<131>

# 책策공功무茂실實
# 륵勒비碑각刻명銘

0521 **꾀 책** 策

0522 **공 공** 功

0523 **성할 무** 茂

0524 **열매 실** 實

꾀한공적 무성하고 충실해지자
비석위에 명을새겨 찬미했으니

## 0521 꾀 책 策

같은 뜻을 지닌 다른 글자가 있습니다
꾀 책/채찍 책策, 꾀 책/채찍 책筴, 꾀 책/채찍 책筞,
꾀 책/채찍 책萗, 채찍 책箣,
낄 협/점대 책筞 자가 있습니다.
꾀 책策 자는 대 죽竹이 부수며
가시 자/묶을 속束 자가 소릿값입니다.
말에게 가하는 채찍의 뜻이며
소릿값을 빌어 계략의 뜻으로 쓰입니다.

대나무는 사철 푸른 나무며
속이 비어있기로 유명한 나무입니다.
세상의 모든 나무를 크게 나눈다면
속이 꽉 찬 나무와 속이 텅 빈 나무입니다.
대개의 나무는 속이 꽉 차 있지요.
오직 대나무만이 속이 비어있을 따름입니다.
속이 비어있는 식물은 풀입니다.
대공이 비어있는 풀은 꽤 많은 편입니다.

1년생으로 마디식물은 거의 비어있습니다.
다년생 식물 중에서도 마디식물은
속이 비어있는 것이 더러 있는데
다년생이라면 보통 풀이 아니라 나무지요.
대나무는 그런 의미에서 독특합니다.
다년생이면서 속이 비어있고,
속이 비어있으면서 사철 푸르니까요.
1년생 식물은 대체로 풀입니다.

꾀나 계책은 기발한 아이디어이면서
하나의 법칙을 뜻하기도 합니다.
꾀나 법칙을 생각해내는 고도의 기술 세계는
마음을 비울 때 비로소 가능합니다.
진공眞空이 되었을 때 바야흐로 묘유妙有가 생성됩니다.
묘유라는 대나무는 곧 진공의 상태입니다.
꾀 책策 자는 부수가 대나무竹 맞습니다.
이 대나무라는 나무木에 높은 벼슬의 상징인
수건巾이 걸려 있습니다.
정치를 하는 사람이라고 한다면
첫째도 군주와 백성이고
둘째도 군주와 백성이며
셋째도 군주와 백성이 아니면 안 됩니다.

그건 옛날 봉건제도에서나 가능한 발상일 뿐
지금은 정치 이데올로기가 바뀌었다고요?
첫째도 국민이고, 둘째도 국민이며, 셋째도 국민이라고요?
군주를 운운하는 것은 전근대적이고
국민이 주인인 민주주의에서
어떻게 군주를 운운하느냐고요?
그럼에도 불구하고 정당과 정치인들은
대권에 줄을 대고 목을 맵니다.
민주국가에서 군주가 별 볼 일 없다면
대통령이 누가 되든
어느 정당에서 되든
그게 무슨 상관이겠습니까.

예나 이제나 관료와 정치인들의 할 일은
\_허브Hub와 림Rim의 조화입니다.
중심과 전체, 전체와 중심의 조화를 위해
가시나무束에 벼슬巾의 직職을 걸어놓고
충실하게 뛰지 않으면 안 됩니다.

이 꾀 책策 자에 담긴 의미는 꾀, 계책, 대쪽, 기호, 책
서책, 채찍, 점대, 산가지, 수효, 숫자, 지팡이
임금의 명령서, 별 이름, 낙엽 소리, 상을 주다

포상하다, 헤아리다, 예측하다, 기록하다, 기획하다
꾀하다, 독촉하다, 지팡이를 짚다 등입니다.

## 0522 공 공功

힘 력力 자가 부수며, 장인 공工 자가 소릿값입니다.
장인 공工 자를 I-beam 자라 새깁니다.
H-beam 자로 새기기도 합니다.
실제로 옛날 대장간에 가면
칼과 창을 만들고
농기구를 만들었습니다.
풍로에 숯불을 피우고
풍구질을 하며 벌겋게 쇠를 달구었습니다.
그리고 벌겋게 달구어진 쇠를
모루에 놓고 망치로 두들겨가며
온갖 기구를 만들었지요.

이 모루에서 나온 글자가 장인 공工 자입니다.

장인이란 모루에 쇠를 올려놓고 두들겨가며
연장을 만드는 사람이지요.
움직씨가 이름씨로 바뀐 것입니다.
장인 공功 자를 힘 력力 부수에 붙여
공功의 세계 표기를 만든 것으로 보아서
공은 일차적으로 가시적이어야 합니다.
입으로 밤낮 보시를 얘기하더라도
마음이 가야 하는 것은 물론이려니와
몸으로 자연스레 나타날 때 비로소 느낌이 오듯
나라와 백성을 위해 쌓아가는 공도
가시적일 때 공인된 칭송으로 나타납니다.
공은 입으로만 쌓는 게 아니라
마음과 함께 몸으로 이루어지는 것이지요.

공, 공로, 공적, 일, 사업, 보람, 업적, 성적, 상복尙服
궁중의 옷 일을 맡아보던 종5품 벼슬, 경대부의 옷
공부, 공公, 공의公義, 공치사하다, 튼튼하다, 공력
정교하다, 힘쓰다, 애쓰다, 고생하다 등의 뜻입니다.
공 공功, 공 공紅, 공 공紃 자가 있습니다.
뜻이 같고 발음이 다른 글자로
공 훈勳 자와 공 훈勛 자 등이 있습니다.

## 0523 성할 무茂

초두머리⁺⁺가 부수며, 창 무戊 자가 소릿값입니다.
창 무戊 자는 천간 무戊 자로도 새기는데,
천간이란 '갑을병정무기경신임계'며
열 가지 천간 중 다섯 번째가 무戊입니다.
'창 무戊'란 '창 과戈'에 삐침 丿을 더한 것입니다.
창은 칼, 활과 함께 전쟁터에서 또는
병사가 지니는 무기의 하나지요.
성할 무茂 자의 뜻은 무성하다, 우거지다, 넉넉하다
풍성하다, 힘쓰다, 뛰어나다, 빼어나다, 우수하다
융성하다 따위 뜻이 있습니다.
왕성함茂을 표현하기 위해 풀⁺⁺을 비유로 이끌어왔습니다.
풀은 일년생이다 보니 한 해라는 기간 동안에
잎이 돋아나고 무성하고 그러면서 마르고
마침내 눈 속에 파묻혀 추운 겨울을 지냅니다.

다년생 식물인 나무木보다
일년생 식물인 풀⁺⁺에서 변화를 느낍니다.

이 속에 무戊의 세계가 들어있습니다.
무戊는 각 계절의 중심이고
모든 감관의 중심이며
마음 씀씀이의 중심입니다.
무戊는 오방 가운데 중심이기에
따라서 허브中心를 지키는 일입니다.
무戊는 수자리戍로 변방을 지킴입니다.
무戊는 나라와 백성을 지키는 병장기戎입니다.
무戊는 가정과 가족을 지키는 개戌입니다.
무戊는 집을 짓고 방을 덥히며 개간을 하고
사냥을 위해 필요한 도구 도끼戉입니다.

모양이 다르고 뜻과 소릿값이 같은 자는 무성할 무楙
무성할 무楙, 무성할 무懋, 무성할 무袤, 무성할 무楘
무성할 무/복숭아 모杴 등이 있습니다.
위에서 본 모양이 비슷한 글자이면서
나름의 의미를 지닌 것으로
도끼 월戉, 천간 무/창 모戊, 개 술/열한째 지지 술戌,
수자리 수戍, 오랑캐 융, 병장기 융戎 등이 있습니다.

## 0524 열매 실實

열매 실實 자에 담긴 뜻은 열매, 씨, 종자, 공물貢物
재물, 재화, 내용, 바탕, 본질, 녹봉, 관작과 봉녹, 자취
행적, 참됨, 정성스러움 등이 있고, 곡식이 익다, 굳다
자라다, 튼튼하다, 밝히다, 실제로 행하다, 책임을 다하다
적용하다, 그릇에 넣다, 참으로, 진실로
드디어, 마침내, 이르다, 다다르다, 도달하다 등이 있습니다

이 열매 실實 자는 '열매 실實' 외에 '이를 지實'로도 새깁니다.
간체자 열매 실/이를 지实 자가 있고
열매 실/이를 지実 자가 있으며
열매 실/이를 지/감출 포寀 자가 있습니다.
갓머리宀가 부수며 집을 뜻하지요.
그리고 갓머리 아래 꿸 관貫 자가 있는데
끈으로 꿴 많은 동전의 의미입니다.

요즘은 지폐가 많이 쓰이고 있으나 가치가 적은 경우
동전을 쓰고, 가치가 아주 높을 때 금괴金塊를 씁니다.

금괴는 금괴본위제金塊本位制를 이해했을 때,
비로소 납득이 가는 화폐유통제도입니다.
금괴본위제는 은괴본위제 등과 마찬가지로
국내에서는 유통시키지 않습니다.
대개 은행에 보관되어 있으며,
그 금괴 은괴 등에 상당하는
지폐라든가 수표, 보조화폐를 유통시키는 제도입니다
상평통보常平通寶와 같은 옛날 동전은
가운데 사각 구멍이 뚫려 있습니다.
이는 끈으로 돈을 꿰기 위함이고
끈으로 꿸 때 지니기가 편했을 것입니다.
열매 실實에 꿸 관貫이 들어있다는 것은
재화貝는 정리해冊 두어야 한다는 것입니다.

'구슬이 서말이라도 꿰어야 보배' 라는데
나는 이 말을 한동안 이해하지 못했습니다.
끈에 꿰고자 구슬玉에 구멍을 뚫으면 옥玉의 가치는
그만큼 떨어질 수밖에 없습니다.
그런데 왜 그런 속담이 나왔을까 하고,
깊이 생각하던 중 열매 실實 자를 접했습니다.
꿴다는 것은 정리의 뜻이었습니다.
경제는 어질러놓는 것이 아니라

깔끔하게 정리함이었습니다.
옛날, 상고商高나 여상女商 출신들은
직업으로 은행원Bangker이 꿈이었습니다.
따라서 은행에 취직하기 위해
인문계가 아닌 실업계를 택했고
특히 상고나 여상에 진학하길 원했습니다.

그러기 위해 익혀야 하는 기능이
암산暗算과 주판籌板Anacus이었지요.
그러나 아무리 암산과 주판에 능하더라도
계산에는 착오가 있을 수 있습니다.
일선 은행원들의 고뇌가 보통이 아니었습니다.
전자계산기와 컴퓨터가 등장하면서
계산을 생명으로 하는 은행에
오프라인에서 온라인으로의 전이와 함께
혁명이 일었고 활기가 넘쳐흘렀습니다.
온라인이 되기 전에는 개설은행에 가서
예금하고 출금하고 송금했습니다.

그런데 지금은 어떠한가요?
우리나라 일부 금융권을 비롯하여
광물자원, 석유, 가스, 관광, 시설안전, 문화예술위

석탄공사에 이르기까지
공기업들의 방만한 경영과 함께
부실감사를 두고 다들 어떤 생각이 들지?
정리實의 의미는 제대로 된 감사監査이기도 합니다.

<132>
책策공功무茂실實
륵勒비碑각刻명銘

0525 **굴레 늑/륵** 勒

0526 **비석 비** 碑

0527 **새길 각** 刻

0528 **새길 명** 銘

꾀한공적 무성하고 충실해지자
비석위에 명을새겨 찬미했으니

## 0525 굴레 늑/륵 勒

# 勒

평소 예상을 깨고 부수가 힘 력力입니다.
왜냐하면 대개 '변'이 왼쪽에 있고
소릿값이 오른쪽에 놓이는 까닭입니다.
부수 중에는 힘 력力 자도 있지만
가죽 혁革 자 부수도 있기 때문입니다.
게다가 부수 힘 력力 자가 소릿값이고
가죽 혁革 자가 뜻을 나타내고 있습니다.

가죽 혁革 자는 '가죽' 외에
가죽의 총칭, 가죽 장식, 갑옷
피부, 북=팔음의 하나, 괘의 이름, 날개
늙다, 날개를 펴다, 털을 갈다, 고치다
쇠 모자=투구 등은 '혁'이라 발음하고

중重해지다, 위독해지다, 엄하다, 심하다
지독하다, 빠르다 라고 할 때는
소릿값이 '혁'이 아니라 '중해질 극革'입니다.

이때는 '중해질 극軶'자와 같은 것입니다.

혁革 자에 굴레 륵勒의 뜻이 들어있지만
다시 보면 '굴레 륵勒' 자에는
마소의 머리에 씌워 고삐에 연결한 물건으로
굴레를 비롯하여 마함馬銜이 있습니다.
마함이란 재갈의 뜻이지요.
'재갈 물리다' 할 때의 그 재갈인데
말 입에 가로 물리는 가느다란 막대입니다.

또한 다스리다, 정돈하다, 억지로 하다
강제하다, 억누르다, 묶다, 졸라매다
새기다, 파다 등과
장차 1겁 뒤에 이 세상에 출현하여
용화龍華의 세계를 연다는
미륵보살을 두고 일컫는 말입니다.
여기서는 늑비각명勒碑刻銘 4글자가
모두 움직씨 '새기다'의 뜻을 지니고 있습니다.

늑공勒功 : 돌 위에 문자로 공적을 새기다
늑교勒巧 : 돌 위에 문자로 정교하게 새기다
늑명勒銘 : 명문銘文을 새기다

늑비勒碑 : 명문을 돌에 새기다
늑석勒石 : 돌에 글자를 새기다

불제자라서 그럴 수도 있겠습니다만
지금까지 굴레 륵勒 자를 단 한 번도
'굴레 륵勒' 자로 새겨 본 적이 없습니다.
그럼 뭐라 새겼을까요.
맞습니다.
'미륵 륵勒 자로 새기고 있습니다.
미륵彌勒이란 미륵보살의 준말입니다.
또한 돌부처를 미륵이라고도 하지요.

미륵불, 미륵보살과 관련된 용어
몇 가지 올립니다.
미륵좌주彌勒座主
당래교주當來教主
당래도사當來導師
당래미륵當來彌勒
미래불未來佛
미륵彌勒
미륵보살彌勒菩薩
미륵불彌勒佛

미륵자존彌勒慈尊

보살菩薩

보살승菩薩僧

용화교주龍華教主

자씨慈氏

자씨미륵보살慈氏彌勒菩薩

자씨보살慈氏菩薩

자씨존慈氏尊

자씨존자慈氏尊者

자자慈子

### 0526 비석 비碑

돌 석石 부수에 낮을 비卑가 소릿값입니다.
예로부터 선돌立石이라 하였습니다.
궁궐이나 사당 앞에 세운 돌로서
해 그림자를 관측하거나
개나 말 등 짐승을 묶어두는 데 쓰였습니다.

비석은 처음부터 비석이 아니었지요.

우리가 생각하는 비석의 개념은
망자를 위한 비석이 있고
살아있는 자를 위한 비석이 있습니다.
망자를 위한 비석은 이미 아는 사실이고
살아있는 자를 위한 비석은
송덕비頌德碑, 기념비紀念碑가 있고
사적비事積碑, 표지석標識石이 있습니다.

이를테면 국보나 보물, 문화재 앞에
그들 문화재를 표시한 표지석이 비석이지요.
일주문 앞의 하마비下馬碑도 비석이고
청사 앞 돌에 새긴 도로원표도 비석입니다.
우리나라는 비석의 나라입니다.
어딜 가나 비석에서 시작하여
비석에서 끝난다고 해도 과언이 아닙니다.

어려서부터 외고 다니는 한시가 있습니다.
명심보감 성심편省心篇에 나오는
지랑시擊壤詩Jirangshi 한 편입니다.

평생부작추미사平生不作皺眉事
세상응무절치인世上應無切齒人
대명기유전완석大名豈有鐫頑石
노상행인구승비路上行人口勝碑
평소에 눈썹 찌푸릴 일을 하지 않는다면
세상에서는 이를 갈 사람이 없을 것이다
큰 이름을 어찌 완고한 돌에 새길 것이랴
오가는 이들의 입이 비석보다 나으니라

'만구성비萬口成碑'라는
고사성어가 주는 느낌은 한없이 큽니다.
아인슈타인 박사가 비석 덕분에 유명한가요.
에이브라함 링컨의 비석이 유명하던가요.
원효성사가 비석으로 알려졌습니까.
세종대왕이 성군으로 존경받고
충무공이 겨레의 성웅으로 추앙받는 것이
그들을 찬미한 비석 덕분이 아닙니다.
비석 이전에 백성들을 위해 나라를 위해
온몸을 던졌기 때문입니다.

비석 비碑 자에 담긴 뜻은
돌石은 돌이로되 가장 낮은卑 돌입니다.

낮다는 것은 높이가 낮아서가 아니라
평평하여 주위의 높이와 잘 어울림입니다.
한 마디로 낮춤卑 돌石이 비석碑입니다.
비석에 새겨진 남의 덕을 칭송하면서
거기서 자신을 낮추고 겸손해짐입니다.

그뿐입니다.
만구승비萬口勝碑입니다.
수많은 사람의 칭송이 비석보다 낫습니다.
만구성비萬口成碑입니다.
수많은 사람의 칭송이 비석을 이룹니다.

### 0527 새길 각刻

생명이 살아가는 데 필요한 게 있다면
많은 것을 들 수 있겠지요.
입을거리衣
먹을거리食

쉴 곳住과 함께
배설할 수 있는 시설도 있어야 하고
이동 수단車
누릴거리文
즐길거리樂
그리고 사랑도 나누어야 하겠지요.

무엇보다 교류의 기호 언어가 있어야 합니다.
돈도 있을 만큼 있어 불편함이 없고
지위도 나름대로 높아 남을 시킬 수 있고
자녀들도 잘 자라 저들 앞가림은 하고
교우관계도 나름대로 원활합니다.
그러면 이것으로 끝일까요.

그러나 뭐니뭐니해도
이 모든 게 다 있다 하더라도
우주가 없다면 말짱 헛것이 되고 맙니다.
우주는 시간과 공간이고
시간과 공간이 유지되게끔 하는
눈에 보이는 별들의 세계와 물질과
보이지는 않지만 더불어 작용하는 에너지
이들을 떠나서는 말짱 도루묵입니다.

새길 각刻 자는 시간 개념입니다.
마치 시간 념念 자처럼 시간의 개념입니다.
새길 각刻 자는 선칼도방刂 부수에
열두째 지지 해亥 자로 이루어져 있습니다.
십이지지 가운데 첫째 지지가 자子고
해亥가 결국 맨 마지막입니다.
마지막이란 앞의 11개 지지를 다 거두어
한 품에 끌어안는다는 뜻을 갖고 있습니다.

12지지地支는 12시각時刻이며
12시각은 하루의 총체입니다.
1시간은 120분이고 1각은 15분입니다.
곧 한 시간은 8각으로 되어있는데
지금은 세계가 공인된 도량형을 쓰고 있지요.
그러므로 이른바 미터법에 따라
1시간은 60분이고 60분은 곧 4각입니다.

정각과 정각 사이 30분을 '반'이라 합니다.
우리만 '세 시 반', '네 시 반' 하는 게 아니라
중국인들도 15분을 이커1刻yike
30분을 빤半ban
45분을 싼커3刻sanke라 읽습니다.

우리 속담에 '일각이 여삼추'라 하지요.
한문으로는 일각여삼추 一刻如三秋인데
마음 깊이 사랑하는 사람을
기다리는 간절한 마음의 표현입니다.

1각 15분, 기다리는 것이 얼마나 지루할까
15분이 3년 같다면 길게 느껴짐일 것입니다.
사랑하는 사람을 기다리는 마음입니다.
그런데 사랑하는 사람과 함께하고 있다면
3년이 15분처럼 느껴질 것입니다.
기다리는 마음은 너무 더디 가고
함께하는 시간은 너무 빠르게 흘러갑니다.

아인슈타인 박사가 밝힌 상대성 이론은
이처럼 간절한 기다림의 마음이고
함께하는 시간의 아쉬움일 것입니다.
아무튼 우리는 시간 없이는 살아갈 수 없고
여전히 공간 없이도 살아갈 수 없습니다.
그 한 축이 시간의 개념이고
그 시간을 개념화시켜 이해하게 함이
이른바 각刻이고 시각時刻입니다

시간은 인지되지 않습니다.
인지되는 것은 시간이 아닌 시각입니다.
불교의《관음시식문觀音施食文》중에
꽤 중요한 공양송供養頌 대목이 나옵니다.

------전략前略------
돈사탐진치頓捨貪嗔痴
상귀불법승常歸佛法僧
염념보리심念念菩提心
처처안락국處處安樂國
시나브로 탐진치 삼독을 버리고
언제나 불법승 삼보에 돌아가면
시간시간이 그대로가 보리심이고
공간공간 그대로가 안락국이니라
《釋門儀範》卷下74쪽

처처가 공간이라면 염념은 시간입니다.
처처를 공간으로 풀이하면서
염념을 생각생각으로 푸는 것은 잘못입니다.
번역의 세계가 너무 자그마합니다.
내가 인식하거나 말거나
내가 느끼거나 말거나

산소가 있어 생명의 유지가 가능하듯
생각생각과 관계없이 공간이 안락국이라면
시간시간도 그대로 보리심입니다.

생각생각 인식할 때는 보리심이고
생각생각 느끼지 않을 때는 비보리심이 아니라
느끼든 안 느끼든 산소는 산소이듯이
생각생각과 상관없이 시간은 여일하지요.
따라서 염념을 생각이라는 작은 개념이 아닌
시간의 개념으로 읽고 이해할 때
공간인 처처와 대칭을 이루게 될 것입니다.

쇠붙이에 새기는 것을 루鏤라 하고
나무에 새기는 것을 각刻이라 합니다.

## 0528 새길 명銘

# 銘

한문 문체文體Genre의 한 가지로서
운韻Rhyme을 집어넣어
4자를 한 짝으로 하여 구句를 이룹니다
2구가 한 대련이 되어 서술하는데
주로 자기 자신을 경계하거나
남의 업적이나 사물의 내력을 찬양하지요.
그리고 이런 내용을 책으로 펴내거나
금석金石, 그릇, 비석 등에 새기는 것입니다.

그러기에 어느 비석의 비문을 보더라도
〈ㅇㅇㅇ비명병서碑銘竝序〉로 되어있습니다.
비명碑銘은 산문체의 지루한 서문이 끝난 뒤
끝에 붙이는 4자씩으로 된 운문체입니다.
이《천자문》이 몇 자씩인가요.
그렇습니다.
모두 4글자씩입니다.
따라서 천자문은《千字銘》이 맞습니다.

새길 명銘 자는 쇠 금金이 부수이고
이름 명名 자가 소릿값입니다.
여기에는 '새기다' 외에 기록하다
조각하다, 명심하다=마음에 새기다
금석에 새긴 글자, 문체 이름 따위입니다.

어라! 내 이름은 어디에 새기지
내 시간시간의 삶에 새길까보다
그럼, 내 삶은 어디에 저장하지
시간의 벗 우주에 저장할까보다

## <133>
## 반磻계溪이伊윤尹
## 좌佐시時아阿형衡

0529 **돌 반** 磻

0530 **시내 계** 溪

0531 **저 이** 伊

0532 **맏 윤** 尹

반계이윤 시국도와 호를얻으니
아형이라 칭송됨도 마땅하도다

## 0529 돌 반 磻

다른 새김이 있는데 어떻게 놓을까요?
강이름 반, 물 이름 반, 강 이름 번, 물 이름 번이 있으며
'돌살촉 파'로 새기기도 합니다.
돌 석石이 부수며 번番이 소릿값입니다.

불교경전에 《금강경오가해金剛經五家解》가 있습니다.
다섯 분의 뛰어난 고승이 등장하여
금강경을 해석하기에 붙여진 이름입니다
1. 푸따시傅大士Fudashi의 찬贊
2. 리우쭈六祖Liuzu의 구결口訣
3. 꿰이펑圭峯Guifeng의 찬요纂要
4. 예푸冶父Yefu의 송頌
5. 쫑징宗鏡Zongjing의 제강提綱
이를 함허득통涵虛得通이 설의說誼했습니다.

함허득통선사는 조선의 고승이기에
이름을 우리 발음으로 적었고

푸따시(497~570), 리우쭈(638~713)
페이펑(780~841), 쫑징(생몰연대가 분명치 않음)
예푸(12세기, 생몰연대가 분명치 않음) 등은
모두 중국의 선지식들이기에
나는 중국어 발음으로 표기했습니다.

그런데 리우쭈六祖는 법명이 따로 있고
육조六祖는 대이름씨일 수 있기에
리우쭈가 아니라 '육조'로 읽어야 한다고요.
그럴 수도 있습니다.
육조는 우리 발음으로 읽어도
중국 발음으로 읽어도 다 괜찮습니다.
다만 고유 이름인 훼이닝慧能을 놓아두고
기록물에 '육조六祖'로 올렸다면
이 '六祖' 또한 홀로이름씨입니다.
따라서 나는 리우쭈로 표기한 것입니다.

그리고 참고로 푸따시는 거사님입니다.
따시大士는 재가자를 일컫습니다.
보살 사/선비 사士 자를 붙인 까닭입니다.
정작 여기서 짚고 싶은 사람은
송頌을 붙인 예푸冶父라는 선사입니다.

예푸따오추안冶父道川Yefudaochuan 선사
이 예푸의 푸父를 사람 이름으로 읽을 때
푸Fu가 아니라 뽀Bo로 발음하지요.
무비스님의《금강경오가해》에서는
'야보'로 읽어야 하지만 관습을 따른다 했고
지관 스님의《佛敎大辭林》에서는
야부와 함께 '야보'조에서 설명하고 있습니다.
1978년, 가을 학기가 시작되고 난 뒤
해인사 강원 심검당尋劒堂에서
우리는《金剛經五家解》를 읽었습니다.
야보冶父 이야기가 나오기 시작했을 때
당시 강주이셨던 보광스님께서
교편으로 교탁을 두드리며 말씀하셨습니다.
"아니지 아니지 아니지! 이름일 경우에는 '보'로 읽어야지.
'야부'가 아니라 '야보'로 읽어야 한다."

이 이야기는 반계磻溪에서도 적용됩니다.
반계는 중국 산씨陝西Shanxi의 한 지명입니다.
중국의 지명이니만큼 읽을 때도
반드시 중국어 발음으로 읽어야 합니다.
이는 마치 일본의 고유명사를
일본어 발음으로 읽어야 함과 같은 이치지요.

지명일 때는 판씨磻溪Panxi입니다.
그러나 인명에 쓰일 때는 발음이 다릅니다.

지앙타이공姜太公JiangTaigong은
판씨磻溪에 살면서 아호雅號가 붙습니다.
그의 아호는 보씨磻溪Boxi입니다.
한자로는 같은데 중국어 발음이 다릅니다.
지역 이름일 때는 분명 판씨panxi인데
사람에게 붙이면서 보씨Boxi가 된 것이지요.
이《천자문》에서 반계이윤磻溪伊尹은
곧 보씨磻溪Boxi와 이인伊尹Yiyin이지요.
이름을 얻게 된 동기는 여러 가지인데
보씨 선생처럼 태어나고 자란 고향에서
이름을 따서 지은 사람도 있고
다른 것을 인연하여 이름이 생기기도 합니다.
마치 킬리만자로에서 기포起泡라는 이름이 생기듯이요.

## 0530 시내 계溪

삼수변氵이 부수로 뜻을 지니고
어찌 해奚가 소릿값을 지니고 있습니다.
깊은 산골짜기를 흐르는 도랑입니다.
아주 작게幺 졸졸奚奚흐르면서
때로는 후벼파듯爪 가파른大 산골 물입니다.
시내, 시냇물, 산골짜기, 송장메뚜기, 텅 비다, 헛되다
등의 뜻을 갖고 있습니다.
같은 뜻 다른 형태의 글자로는 시내 계溪, 시내 계磎
시내 계谿, 시내 계嵠, 시내 계磎 등이 있고
같은 뜻을 가진 다른 글자로는 내 천川, 강 강江
물 하河, 물 수水, 바다 해海 따위가 있습니다.

판씨磻溪Panxi는 중국 산씨성陝西省Shanxisheng
빠오지시宝雞市Baojishi 동남쪽을
도도하게 흐르는 강입니다.
웨이쉐이渭水Weishui 강언덕이지요.
전해오는 이야기에 따르면

뤼상呂尙Lushang 지앙타이공姜太公은
판씨에서 낚시를 드리우고 있다가
저우웬왕周文王Zhouwenwang을 만납니다.
그가 저우웬왕을 도와 저우周 나라를 반석 위에 올려 놓자
웬왕은 그의 공을 기려 호를 하사합니다.
바로 뤼상이 태어나 자란 곳 판씨를 따라
'보씨磻溪선생'으로 부르게 됩니다.
'반계선생'하면 떠오르는 분이 있습니다.
유형원柳馨遠(1622~1673)입니다.
그는 조선 중기의 실학자며 성리학자며 뛰어난 작가입니다.
황해도 신천군 문화면을 본관으로 하고
자字는 덕 있는 장부란 뜻의 덕부德夫며
호는 여기《千字文》의 반계磻溪와 같습니다.

'도에 뜻하면서 시러금 서지 못하는 것
지志가 기氣 때문에 게을러진 것이니
아침에는 일찍 일어나고
밤늦게 자고 함을 시러금 하지 못하고
의관을 바르게 하고
눈의 움직임을 반듯하게 함을 시러금 하지 못하고
부모를 섬김에 얼굴빛을 화기있게 함을
시러금 하지 못하고

집 안에 거하는 사이에 공경으로 서로 대함을
시러금 하지 못하니
네 가지가 밖에서 게을러지며
마음이 안에서 거칠어지는구나.'
[김성동 《千字文》(청년사) 142쪽에서]

반계선생에게는 대표적 저서가 있는데
다름 아닌 《반계수록磻溪隨錄》입니다.
수록隨錄이란 오늘날 언어로 수필隨筆이고
수상록隨想錄에 해당합니다.
글쓰기가 1670년에 완성되었으나
그로부터 100년이 지난 1769년에 비로소
간행된 국가체제에 관한 책입니다.
총 26권으로 선생의 만년 저작입니다.
저자의 나이 52세 되던 해부터
20년에 걸친 연구와 탐구를 토대로
한 자 한 자 꼼꼼하게 써내려간 것입니다.
젊은 시절 지방을 자주 유람하면서
직접 눈으로 본 민생의 현실을 기록했습니다.

선생은 말년에 그가 은거하던
전라북도 부안군 보안면 우반동에서

농민과 더불어 생활했습니다.
위로부터 함께하자며 삼고초려도 있었으나
평생 벼슬길에 나아가지 않았습니다.
서민들로부터 얻은 경험을 바탕으로 하여
세상을 건지고 민생을 구하려는 열정을
수상록 《반계수록》에 고이 담은 것입니다.

### 0531 저 이伊

사람인변亻이 부수며 맏 윤尹 자는 소릿값입니다.
저, 이, 그, 그이, 그녀, 너, 자네, 또, 또한, 그래서
그리하여, 물의 이름 따위지요.
이伊 자 하면 생각나는 단어가 있습니다.
'원이삼점圓伊三點'입니다.
대한불교조계종의 상징象徵입니다.
조계종은 선종禪宗이지요.
특히 간화선看話禪을 내세우는 선종입니다.
육조 훼이닝慧能의 남종선을 이어받는데

원이삼점으로서 표징하고 있습니다.
선종의 원이삼점은 불교의 삼점三點에서 비롯됩니다.
어느새 40년 전 이맘때로 기억합니다.
나는 당시 치문반緇門班이면서 장경각 안내를 맡아
문화해설을 했습니다.
해인사를 찾은 관광객 한 분이
대적광전을 참배하고 장경각으로 오르던 중
그 가파른 계단에 서서 질문을 던졌습니다.

"스님, 묻겠습니다."
나는 엉겁결에 대답했지요
"네, 말씀하십시오."
"스님, 원이삼점이 무엇입니까?"
"원이삼점이요?"
"네, 그렇습니다. 알고 싶습니다."
나는 말문이 막혔습니다.
한 번도 들어보지 못한 교리였으니까요.
나는 솔직히 답했습니다.
"미안합니다. 아직 배우지 않았습니다."
그가 곧바로 치고 나왔습니다
"배워서 아는 것이 불교입니까?"
나는 주장자로 머리를 한 대 맞은 듯 띵~ 했습니다.

대답할 말이 궁했습니다.
내가 한 말은 이게 다였습니다.
"아! 거사님, 불교는 배워서 아는 게 아니었군요?"

대화의 형식이 바뀌었습니다.
질문자는 답변자로 답변자는 질문자로
나는 지금도 그때를 기억합니다.
공空과 성性과 상相의 세계를 알았더라도
그에게는 해당되지 않았을 것이고
공성상의 세계를 알지 못했다 하더라도
그에게는 의미 없는 소재였을 것입니다.
원이삼점은 그로부터 지금까지
내 삶의 힘이었고 수행의 밑거름이었지요.
조계종의 상징 '원이삼점圓伊三點'
요즘은 그냥 빙그레하고 웃음 짓습니다.

### 0532 맏 윤 尹

# 尹

맏 윤尹 외에 성 윤尹, 성씨 윤尹, 다스릴 윤尹 등으로
새기기도 합니다.
성姓의 하나며 빛남이며 미쁨입니다.
미쁨이란 믿음직하게 여기는 마음이지요.
포脯, 포육脯肉이며 무늬며 벼슬입니다.
벼슬 이름이며 다스림이며 바로잡음입니다.
미쁘다 미덥다로도 새기고 있습니다.
부수는 주검시엄 尸 입니다.
위에서 왼편 아래로 삐침 丿 은 붓이고
나머지는 오른손을 의미합니다.
붓이란 영업직이 아닌 관리직입니다.
따라서 '다스리다'의 뜻으로 풀이됩니다.
윤尹 자는 붓 율聿 자와 같습니다.
붓 율聿 자에서 뚫을 곤 丨 은 자尺고
나머지는 오른손입니다.
곧 오른손에 자를 들고 공사를 감독하는
이른바 현장감독에 해당하는 사람입니다.

곧 '다스리다' '바로잡다'의 뜻이지요.

이인伊尹Yiyin은 샹商Shang나라 재상입니다.
전설에 따르면 이인의 어머니는
대홍수에 휩쓸려 가 뽕나무가 되었고
그 줄기에서 이윤이 태어났다고 합니다.
이인을 홍수洪水의 신으로 보는 설이 바로
이 전설에서 기인합니다.
나이 20살이 되고 성인成人이 된 뒤
요리인으로서 어느 귀족을 모시게 되었습니다.
주인의 딸이 샹商의 군주에게 시집갈 때
그녀의 심부름꾼으로서 시중을 들었습니다.
이때 샹의 왕조에게 인정을 받아
이인은 샹나라 국정에 참여하게 되고
최고 재상의 벼슬과 함께 중책을 맡습니다.

샹나라가 씨아夏Xia를 멸할 때도 활약했습니다.
그는 샹왕조 성립에 큰 역할을 하였으며
아형阿衡Aheng으로서 탕왕湯王Tangwang을 보좌해
수백 년 동안 이어지는 샹나라 왕조의 기초基礎를
굳게 다진 사람이기도 합니다.
샹왕 사후 그 아들인

와이삥外丙Wabingi과 쫑렌仲壬Zhongren
두 명의 왕을 보좌한 뒤 탕왕의
손자 타이지아太甲taijia가
왕의 자리에 즉위한 뒤에도
이인은 계속해 이를 보좌하였습니다.
그러나 타이지아太甲는 방탕한 생활을 하여
오랫동안 국정을 어지럽혔으므로
이인은 타이지아를 통桐Tong으로 추방합니다.
섭정으로 타이지아를 대신했습니다.
3년 후 타이지아가 회개한 것을 확인한 뒤
다시 그를 왕으로 맞이해
스스로 신하의 신분으로 되돌아갑니다.

## <134>
## 반磻계溪이伊윤尹
## 좌佐시時아阿형衡

0533 **도울 좌** 佐

0534 **때 시** 時

0535 **언덕 아** 阿

0536 **저울대 형** 衡

반계이윤 시국도와 호를얻으니
아형이라 칭송됨도 마땅하도다

## 0533 도울 좌佐

# 佐

사람인변 亻에 왼 좌左 자를 썼는데
좌左가 소릿값이며 동시에 의미입니다.
돕다, 보좌하다, 권하다, 다스리다, 도움, 돕는 사람
소속 동료, 소속된 지위, 부차적인 것 등의 뜻이 있습니다.
우리나라 성씨 중에는 대정좌씨大靜佐氏가 있는데
단일본單一本으로 알고 있습니다.

도울 좌佐左 외에 도움을 표현한 도울 우右祐佑
도울 호護, 도울 필/일어날 발/부처 불佛
도울 조, 없앨 서助, 도울 원援, 도울 찬贊賛
도울 보, 기울 보補輔俌补辅媬緥, 도울 부, 기어갈 포扶
도울 필, 떨칠 불拂払仏이 있고, 도울 필弼弻弴弻
도울 익翊, 도울 책擤, 도울 노勴, 도울 건攇, 도울 양襄襃
도울 비毘裨毗, 도울 승, 정승 승, 나아갈 증丞氶
도울 방幇幚帮幇, 도울 찬, 꿰뚫을 관賛赞
도울 위, 찢을 휘撝抅, 도울 광, 급할 광劻, 도울 호护
 도울 포補, 도울 개价, 도울 당糖, 도울 음炶, 도울 장奬

돕는 사람 준, 갖출 선僎
도와 말할 병誁 자 등이 있습니다.

이처럼 도움을 나타내는 표기가 많은 것은
세상은 혼자서 살아갈 수 없다는 방증입니다.
그것이 사람이든 동물이든 곤충이든
심지어 세균이나 식물에 이르기까지
어느 하나도 서로 도움 없이는 불가능합니다.

가장 가까운 예로 우선 사람을 들 수 있습니다.
나와 남 우리라는 관계에 앞서
제 몸 하나를 놓고 보더라도 그렇습니다.
가령 눈은 왼쪽 눈 오른쪽 눈 두 개가 있는데
당연한 것이지만 늘 함께 보다가
안대로 한쪽 눈을 가리고 사물을 본다면
과연 어떻게 보일 것 같습니까?
으레 불편이 많을 것입니다.
무엇보다 우선 균형이 잡히지 않을 것이고
둘째 거리 계산이 잘 되지 않을 것입니다.
길을 걸어갈 때 거리 조정이 안 되어
오는 사람과 부딪칠 가능성이 높습니다.

귀도 두 개인데
한쪽 귀를 막고 있으면
들려오는 소리의 방향이 감지되지 않아
위험 요소가 비록 가까이 있더라도
쉽게 파악되지 않을 것입니다.
자동차가 빠른 속도로 다가오더라도
소리의 방향이 감지되지 않아 위험하지요.
눈은 시각의 입장에서 돕고
귀는 청각의 입장에서 돕고
코는 후각의 입장에서 돕고
혀는 미각의 입장에서 돕고
몸은 촉각의 입장에서 돕고
이렇게 서로서로 도울 때
건강은 나름대로 유지되고
안전하고 행복한 삶을 누릴 수 있습니다.

사람은 약 100조 개 세포로 되어있습니다.
물론 이는 몸의 세계입니다.
100조 개 세포가 건강하다 하더라도
마음의 세계가 건강하지 못하다면
세포로 된 몸만으로 생명이 유지되겠습니까?
마음은 몸을 돕고 몸은 마음을 도와

아름다운 조화를 이룰 때 삶이 건강합니다.
100조 개 세포가 많은 편인가요?
그렇다고 결코 적은 숫자가 아닙니다.
예를 들어 66kg 정도 몸무게라면 어떻습니까?
그램으로 환산하면 66,000g이겠네요.
100조 개 세포를 66,000g으로 나누면
1g에 15억 개씩의 세포가 있는 셈입니다.
우리나라 전체 인구의 30배에 달하는 세포가
1g 속에 다 들어간다고 했을 때
세포 크기가 어느 정도인지 느낌이 오겠습니까.

이렇게 작은 세포 하나가 문득 반란을 일으킨다면
그는 어찌 될까요.
그 작은 세포 하나가 가령 암세포로 변신했다면
그 세포 하나 때문에 온몸을 망칩니다.
100조 개 정상세포가 하나의 암세포로 인해
죽음의 길로 접어들 수 있습니다.
100조 개 세포 중 어느 하나도 소중하지 않은 게 없습니다.
'내 몸 자체에서도 이토록 도움이 필요한데
어찌 하물며 나와 남의 관계며,
더 나아가 나와 우리의 관계이겠습니까?

나와 내가 살아가는 환경은 또 어떻고요?
한때 이산화탄소 배출 문제로 공기의 질이 떨어지고
오존O-zone 층의 파괴를 걱정했습니다.
요즘은 미세먼지가 대수입니다.
디젤이 타면서 발생하는 질소산화물이
인체에 미치는 영향을 놓고 설왕설래하지만
설왕설래 이전에 건강 그 자체가 소중합니다.
도움이 필요한 시대입니다.
도움은 받으며 동시에 주는 것이고
주며 동시에 받는 게 다름 아닌 도움입니다.


도움과 관련된 다양한 한자와 한자 중에서도
소릿값과 의밋값이 천차만별인 것을 놓고
도움은 전방위적이라는 것을 실감합니다.
불보살님의 관계가 예사롭지 않음도
실제로 본존과 보처존의 관계 때문입니다.
본존이 본존의 위치를 갖기 위해서는
보처존의 역할 없이는 가능하지 않습니다.

## 0534 때 시 時

時

때 시時 외에 때 시旹, 때 시旹, 때 시时, 때 시䁖,
때 시旳 자가 있습니다.
이들 6자 '때 시時' 자에는 의미소 '일日'이 들어있습니다.
부수가 날日 자임이 확실한 순간입니다.
시간을 얘기할 때는 태양日이 중심입니다.
심지어 어둠冥을 얘기할 때도 태양日은
제 자리를 남에게 내주지 않습니다.

때, 철, 계절, 기한, 세대, 시대, 기회, 시세, 당시
그때, 늘, 때마다, 때를 맞추다, 엿보다, 기회를 노리다
훌륭하다, 좋다, 관장하다, 주관하다, 휴식하다
쉬다 따위며, 이는 또한 시간의 단위를 표현합니다.
하루의 1/24이며 60분이며 3,600초입니다.
옛날에는 이륙시중二六時中이라 했는데
두 단락part의 6시간이란 뜻입니다.
낮이라는 한 단락이 6시간이고
밤이라는 또 한 단락이 6시간입니다.

밤의 단락은 어두울 명冥 자에 나타납니다.
어둠은 엄폐물冖에 가린 태양日이
6시간六이나 지속되는 기간에 해당합니다.
엄폐물은 지구 자체지요.
하루가 12시간인데 6시간의 어둠을 빼면
나머지 6시간은 으레 밝음입니다.
12지지地支로 1시간은 120분에 해당합니다.

많은 이들이 때 시時 자에서
소릿값인 절 사寺 자에 의미를 부여합니다만
이는 그냥 소릿값일 뿐입니다.
절 사寺가 들어간 글자들은 '쓰si' 외에 '시shi' '치chi'
따위로 발음합니다.
여기 《千字文》에서는 시국時局을 뜻합니다.

### 0535 언덕 아阿

서울에 아현阿峴이라는 지명이 있습니다.
큰 언덕, 큰 고개라는 뜻입니다.
중국인들이 큰 언덕이라 하는 곳은
눈에 보이는 지형적 큰 언덕도 중요하지만
정신적인 큰 고개 정신적인 큰 언덕을 가리킵니다.
중국인들의 정신문화 속에서 가장 큰 언덕을 꼽으라면
지성至聖으로 존경하는 콩즈孔子입니다.
아阿는 콩즈가 태어나 자란 곳
취푸曲阜Qufu를 가리키는 말입니다.
이를 취푸콩曲阜孔Qufugong이라 합니다.
콩즈의 본명은 치우丘Qiu이고
자字는 쫑니仲尼Zhongni입니다.
일설에는 콩즈의 부모님이
취푸 니치우산尼丘山Niqiushan에서 기도한 끝에
마침내 콩즈를 얻었다고 하지요.

쫑니라는 이름에서 알 수 있듯이

콩즈는 맏이가 아닌 둘째 아들일 것입니다.
아무튼 콩즈는 세계 4대 성인 중 한 분이며
그의 가르침의 세계가 한없이 드높기에
중국문화권에서는 어阿를 큰 언덕이라 하고
'어e'라는 언덕은 콩즈의 삶이 배인
취푸曲阜로 보고 있습니다.
어阿의 부수가 취푸의 푸阜, 좌부방阝입니다.
그리고 오른쪽 소릿값 커可ke는 옳음이고
모든 가능성의 뿌리줄기根幹입니다.
아현동이란 지명은 큰 고개이면서
콩즈를 사모하는 마음에서 지었을 것입니다.
동선동과 돈암동 사이에 있는 미아리 고개가
미아사彌阿寺라는 절 이름에서 붙여진 이름이라면
아현동 고개는 지성至聖 콩즈의 고향
취푸를 사랑한 데서 온 것이 맞습니다.

## 0536 저울대 형衡

# 衡

다닐 행行이 부수며 소릿값입니다.
다닐 행이 부수일 경우 대개 부수 가운데
의미소, 소릿값이 들어갑니다.

다닐 행行, 넓을 연衍, 즐길 간衎, 악공 항術, 즐거울 원衏
재주 술/취락 이름 수術, 자랑할 현衒, 거 거衐
길 영/령術, 재갈 함銜衘衒衡, 거리 가街, 거리 동術
거리 항術, 마을 아衙, 갈 어衒, 지킬 위衛衞衞
찌를 충/뒤얽힐 종衝, 길 도衜衟, 거리 호衚
저울대 형/가로 횡衡, 참 순衕, 아름다울 휘徽
멈출 어/깨끗할 소術, 네 거리 구/갈 구衢 등입니다.

저울대 형衡은 부수 가운데 있는 글자를
뿔 각角과 큰 대大의 조합으로 볼 경우
신라의 성자 원효스님이 단숨에 쓴
소위 《금강삼매경론소》가 떠오릅니다.
그리고 가운데 글자를 고기 어魚로 볼 때

예로부터 생선도 저울에 달아
무게로 거래했다는 반증일 것입니다.
어헝阿衡Eheng은 관명입니다.
샹나라 개국공신 이인伊尹Yiyin이
샹나라 탕왕湯王Tangwang에게서 받은
재상에 해당하는 벼슬 이름입니다.
어헝 이인이 시국을 도와 나라를 세우고
올바른 정치를 편 사람이기에
칭송을 받아 마땅하다는 것입니다.

<135>
엄奄택宅곡曲부阜
미微단旦숙孰영營

0537 **문득 엄奄**

0538 **집 택宅**

0539 **굽을 곡曲**

0540 **언덕 부阜**

곡부에서 대저택에 살아온주공
그아니면 누가이를 경영했으랴

## 0537 문득 엄奄

회의문자라서 부수 큰 대大 자와
번개 전電, 펼 신申이 함께 뜻을 이룹니다.
가릴 엄奄으로도 새기는데
느닷없이 갑자기 닥친 사건이고 시간입니다.
전광석화電光石火라는 용어가 있습니다.
번갯불電이 번쩍하고 빛光나는 것과
부싯돌石에서 불꽃火 튀는 시간은 짧습니다.
이것이 '문득'이고 엄奄입니다.
일설에는 이옌奄Yan나라라 합니다.
샹商은 800여 개의 제후국을 두었는데
그 가운데 한 나라가 이옌奄이지요.
번개 전電 자 위에 큰 대大 자를 얹었습니다.
번개 치는 게 분명 작은 일은 아닙니다.

## 0538 집 택宅

집 택宅 자 외에도
댁 댁宅, 터질 탁宅으로도 새깁니다.
첫째, '댁'이라 할 때는 남의 아내를 지칭함이고
남의 가정을 높여 부를 때 씁니다.
둘째, '택'이라 할 때는 집, 주거, 구덩이, 무덤, 묘지
살다, 임용하다, 벼슬살이 하다, 안정시키다, 자리잡다
정하다, 포괄하다, 망라하다 따위며
셋째, '탁'으로 새길 경우 터지다, 찢어지다
등일 때에 해당합니다.
부수는 갓머리宀며
부탁할 탁託, 잎 탁乇 자가 사랑을 찾아왔다가
순식간에 사고를 저질러 들어앉은 격입니다.
시나브로 고사성어 하나가 생각납니다.
'삼계화택三界火宅'입니다.
세계가 온통 다 불바다火宅입니다.
"어서 그 불타는 집어서 나오라"가 아니라
"불타는 이 집에서 어서 나가야겠습니다"

## 0539 굽을 곡 曲

# 曲

'누룩 곡曲'이라고도 새깁니다.
가장 많이 새기는 자는 '노래 곡曲'입니다.
부수는 가로 왈曰 자입니다.
가로 왈曰 자에 스물 입卄 자입니다.
입口에서 나오는 멜로디가 맞습니다.
곡曲 자에는 입 구口 자가 7개 들어있는데
윗줄에 3개, 아랫줄에 3개가 있고
나머지는 여섯 개를 담은 큰 입 구口입니다.
'도 레 미 파 솔 라 시'의 7음계에
반음계 '도'를 더 얹은 표시라고도 합니다
[이는 그냥 나의 해석입니다]
불합리하다, 정직하지 않다, 공정하지 않다
그릇되게 하다, 자세하게 하다, 굽다, 굽히다
도리에 맞지 않다 따위가 먼저 있고, 구석, 가락, 악곡
굽이, 재미있는 재주, 술을 빚는 데 쓰는 발효제 = 누룩
누에 치는 채반, 잠박蠶箔 따위입니다.

## 0540 언덕 부阜

언덕 부阜 자체로 부수입니다.
석등 모양을 본떴다고도 하고
산의 측면 단층 모양을 본떴다고도 합니다.
부수로 좌부방 阝(=阜)의 본자며,
우부방 阝(=邑)의 본자는 읍邑 자입니다.
언덕, 산, 백성, 크다, 크게 하다, 높다
메뚜기=물건이 벗겨지지 않도록 꽂는 기구, 성盛하다
세차다, 많다, 풍성하다, 자라다, 순박하다, 살찌다
같은 의미를 지닌 글자로
언덕 부阜의 열 십十 자 자리에
뫼 산山을 놓은 언덕 부島 자가 있고
때로 좌부방 阝 자체를 쓰는 때도 있습니다.

밤새 '기포의 새벽 편지' 글을 쓰다가
정작 새벽녘에 이르러 다 지웠습니다.
항다반사恒茶飯事로 늘 있는 일입니다만
오늘 새벽에는 글을 다 지우고

깊은 생각에 잠겼습니다.
화두는 들려고 해서 들어지는 게 아니고
어느 때 문득奄 들어지는 것입니다.
200자 원고지 20~25매 분량을 매일 쓰고 있습니다.
평균 5시간 정도가 소요되지만
지우고 보태고 고치는 시간까지 합하면
매일 예닐곱 시간이 걸리는 편입니다.
컴퓨터가 아니라 나는 늘 모바일로 씁니다.
휴대성Carrying 때문입니다.
스마트폰으로 써 놓고 심지어는 교정하는 시간에도
졸음마睡魔를 견디지 못해 삭제키를 누릅니다.

쓰는 시간은 예닐곱 시간인데
지워지는 시간은 전체가 1분 이내지요.
졸 때의 1분은 그야말로 순식간입니다.
눈깜빡일 순瞬, 쉴 식息, 사이 간間
눈 한 번 깜빡이는 짧은 시간이고
숨 한 번 들이 내쉬는 짧은 시간입니다.
다 지워지고나서 느끼는 마음
어떤 때는 그야말로 펑펑 울기도 합니다.
경허스님《참선곡》에 따르면 종일 화두 들고 씨름하다가
저녁이 되어서도 깨닫지 못하게 되면

다리 뻗고 울었다는 말씀이 실감나는 새벽입니다.

졸음마는 시도 때도 없이 찾아옵니다.
귀한 사람과 차를 나누고, 음식을 나누고,
마음을 나누고, 톡Talk을 주고받고
이야기를 나누는 그 상황에서도
어즈버! 생명을 싣고 달리는 드라이빙 중에도
졸음 마구니는 찾아옵니다.
시간의 반전反轉에 대해 생각해 봅니다.
시간의 진행이 역방향일지라도
같은 법칙이 지배한다는 원리입니다.
Time Reversal입니다.
글을 쓰는 시간이 시간의 순방향이라면
지워지는 순간은 시간의 역방향일지 모릅니다.

글을 쓰는 시간과 더불어
쓴 글이 지워지는 시간이
시간의 거리상으로는 차이가 있겠지만
그 둘의 흐름은 똑같은 법칙이 적용됩니다.
가령 시속 60km로 자동차를 몰아
앞으로 10km를 달려갔다고 한다면
10분이란 시간이 소요되었을 것입니다.

그런데 그 자동차를 시속 6km로 100m를 후진했다면
1분이 소요되겠지요.
앞으로 10km를 달리든 뒤로 100m를 후진하든
시간의 길이는 길고 짧고
거리는 멀고 가까움이 있겠지만
시간의 지배력이란 언제나 동일합니다.

예로 든 나의 윗 글을 보고 시간을 계산하고
거리를 계산하고, 앞뒤 운동의 방향을 계산할 것입니다만
굳이 그럴 필요가 전혀 없습니다.
시간의 동일 지배력에서 보면
시간 흐름의 법칙은 늘 같기 때문입니다.
밤새 쓴 글이 다 삭제되고 나서 다시 쓰는 이 순간에도
시간은 흐릅니다.
아닙니다. 아닙니다. 아닙니다.
시간의 흐름이란 애초에 없습니다.
시간이 아니라 시각이라는 눈금에 의해
시간의 흐름을 느낄 뿐
시간은 인식의 대상이 아니었습니다.
왜냐하면 시공간은 나의 객체가 아니고
시공간이 나의 일부며 바로 나 자신이니까요

불변량이고 불변식입니다Invariant
시간 반전의 불변성입니다Time Reversal Invariance

시간의 반전에 대해 한 젊은이가 내게 물어왔습니다
"큰스님. 질문이 있는데요?"
"어, 그래. 어서 물어 봐! 뭔데?"
젊은이가 머리를 긁적이며 말했습니다
"불교에 관한 것이 아닌데요?"
"그래도 좋아! 모르면 모른다고 할게."
잠시 침묵이 흐른 뒤 입을 뗐습니다
"큰스님. 시간의 반전이 무엇입니까?"
"그렇군. 그건 물리학 교수에게 물을 내용인데?"
"네, 큰스님. 교수님께 여쭤보았으나 아직은요."
"아직이라니 그게 무슨 뜻인가?"
"네. 제가 아직 이해가 안 가서요."

나는 젊은이의 고충을 이해했습니다.
그래서 여기 그 예를 다시 얘기합니다.
어떤 사람이 서울역에서 열차를 탔습니다.
부산으로 가는 KTX 고속열차입니다.
그는 애인을 만나러 가는 길입니다.
그리운 마음에 열차가 달리는 방향으로

열심히 뛰어가고 있습니다.
또 한 사람은 같은 KTX를 탔는데
서울에 출장왔다가 다시 부산 본사로 들어가는데
추진한 일이 잘 안 되어 걱정이 태산입니다.
사장님의 질책이 걱정됩니다.
그는 한 발자국이라도 늦게 가려고
열차 뒷편으로 뒷걸음질을 쳐봅니다.

이 두 사람은 같은 KTX에 타고 있습니다.
시간의 흐름은 똑같이 적용됩니다.
또 한 가지 예를 들어보겠습니다.
가령 음속으로 나는 점보여객기 내에서
앞으로 달려가든 뒷걸음질을 치든
같은 여객기에 타고 있다면
시간의 지배는 동일하게 받습니다.
태양계 시스템 내에서 살아간다면
태양계의 시간을 따를 수밖에 없습니다.
시간의 흐름을 역방향으로 간다 하더라도
우리는 태양계 시스템 안에 있습니다.
시간 반전의 불변성은 그대로 법칙입니다.
태양계를 떠나 우주로 나아간다 하더라도
시간의 흐름 자체는 변함이 없습니다.

우주 공간의 팽창과 함께
우주 시간의 흐름에 따라
시간 인식이 다를 뿐입니다.
우리는 지구 시간으로 살아갑니다.
지구 위에서 살아간다면
시간의 순방향이든 역방향이든
같은 불변성의 시간 반전이 적용됩니다.
저우꿍周公이 취푸曲阜에서 오래 살아온
고참古參Long timer이라 하더라도
그리하여 지성 콩즈孔子로부터
존경을 한 몸에 받았다 하더라도
저우꿍은 그저 저우꿍일 뿐입니다.

저우꿍의 삶을 지배한 시간을 비롯하여
콩즈선생의 삶을 지배한 시간과
밤새 쓴 글이 지워졌노라며
펑펑 울다가 다시 쓰는 나의 시간이 어떻게 같고
또 어떻게 다른 것일까요?
한 해 중 낮 길이가 가장 길고
밤 길이가 가장 짧은 한여름夏至,
밤 길이가 가장 길고
낮 길이가 가장 짧은 한겨울冬至에 견주어

하루의 총체적 길이까지 달라졌을까요?

the tropic[Tropic] of Cancer
한여름줄, 하지선夏至線
북위 23도 27분
일명 북회귀선北回歸線에 서서
태양은 다시 남쪽으로 내려갈 것입니다

한겨울줄, 동지선冬至線
남위 23도 27분
the Tropic of Capricorn
남회귀선南回歸線까지 쉬지 않고 이어지겠지요?

### 엉뚱한 길

엉뚱한 길外道을 걷습니다
종로 대각사 대각성전 법당 안에
코스모스가 피었습니다
한 송이가 피더니
어느새 열 송이가 되고
열 송이는 제곱으로 늘어나
백 송이가 담긴 화분이 되었습니다

그런데 웬걸요! 백 송이 코스모스가
다시 제곱으로 늘어나면서
일만 송이 꽃이 법당을 꾸몄습니다
꽃송이가 늘어나는 것만큼
법당도 비례하여 넓어졌습니다
법당에 설치된 모니터에
'일만 송이 꽃' 자막이 선명했습니다

이미 맏추위小寒를 지나고
하마 큰추위大寒가 열흘 뒤인데
계절을 잊었는지 청초淸楚한 아름다움은
여전히 우주의 꽃 코스모스입니다

게으른 늙은이息翁 눈에 비친
화사한 코스모스를 두고
단지 계절꽃이고
가을꽃이라고만 했는데
어쩜 이것도 인간의 잣대 아니겠는지요

어느새 모니터에는
'일만 송이 코스모스 제곱이 되다'라는
자막과 함께 '= 일억 송이'로 뜨고
법당은 물론 온통 코스모스 도량입니다
언제 몰려왔는지
대각성전과 대각사 주변에는
상화객賞花客으로 인산인해입니다
시나브로 일억 송이 코스모스가
한겨울에 가을바람을 불러들이네요

발길 닿는 곳곳處處이
편안安하고 즐거운樂 공간國이니
함께하는 시간 시간念念이
온통 보리심菩提心이라 했던가요
계절꽃은 계절에 피는 꽃인 줄 알았는데
그때그때 계절을 불러오는 까닭에

계절꽃이라는 걸 알았습니다

모니터가 바뀌었습니다
홀로그램hologram이었습니다
맑淸고 밝明은 하늘에 자막이 뜹니다
일억 송이 우아한 코스모스가
제곱으로 불어나 일경一京 송이라고요
홀로그램 자막과 컬러가 바뀝니다
'온 우주가 코스모스 꽃밭이다'
'세상世界이 한송이ㅡ 꽃花이다'
'용서하라! 사랑하라! 행복하라!'

내가 코스모스에게 묻습니다
"너는 누구니?"
꽃이 답이 없습니다.
내가 다시 묻습니다.
"너의 그 고운 빛깔은 어디서 온 거야?"
여전히 꽃은 답이 없습니다
나는 용기를 내어 다시 묻습니다
"지난 가을 곱던 그 꽃이 바로 너니?"

질문을 던져놓고 나는 답을 기다립니다

고요가 이어집니다
꽃도 나도 침묵에 잠깁니다
꽃은 미세한 바람을 불러들입니다
그리고 살포시 몸을 흔들어 보입니다

하늘 전체를 수놓은 홀로그램에
약사여래불이 왼손에는 약호를 드시고
오른손에는 꽃을 드셨습니다
꽃이 자막으로 바뀝니다

전도몽상顚倒夢想 구경열반究竟涅槃

전도몽상 앞의 '원리遠離' 2자가
홀로그램에는 빠져 있습니다
나는 중얼거립니다
전도몽상이 구경열반이라!
엉뚱한 생각
엉뚱한 길이야말로
그대로가 완전한 열반이로구나'

아! 깨고 나니
한 자락 꿈이었습니다

<136>
엄奄택宅곡曲부阜
미微단旦숙孰영營

0541 **작을 미** 微

0542 **아침 단** 旦

0543 **누구 숙** 孰

0544 **경영 영** 營

곡부에서 대저택에 살아온주공
그아니면 누가이를 경영했으랴

## 0541 작을 미 微

微

부수가 중인변 彳이 맞습니다.
중인변은 '두인변'이라고도 하는데
한자로는 '조금걸을척 彳'자입니다.
이 조금걸을 척 彳자와 대칭을 이루는 자가
땅이름 마, 또는 자축거릴 촉 亍 자입니다.
'자축거리다'는 순수 우리말인데
힘없이 가볍게 다리를 절며 걷는 것입니다.
이 척 彳과 촉 亍은 의성어擬聲語로서
걸을 때 신발 끄는 소리에서 기인합니다.
곧 '척촉 척촉'하는 소리를 따왔으며
마침내 '다닐 행行' 자가 탄생하게 됩니다.

다만 뜻은 '몰래 가다' '은밀하게 다니다'의 뜻이며
뒤꿈치를 들고 조심스레 걷는 것입니다.
이 밖에도 작다, 자질구레하다, 정교하다, 정묘하다
자세하고 꼼꼼하다, 많지 않다, 적다, 없다, 어렴풋하다
또렷하지 않다, 밝지 않다, 어둡다, 쇠미하다

쇠잔하고 미약하다, 쇠하다, 아니다, 숨다, 숨기다
몰래 살피다, 엿보다, 다치다. 상처를 입다, 비천하다
천하다 따위의 뜻이 들어있습니다

이름씨에 들어있는 내용을 엿보면
조금, 몰래, 비밀히, 은밀히, 처음, 시초, 없다고 하면
발, 대발, 종기, 부종, 다리가 부어오르는 병의 뜻이 있고
소수의 이름(=마이크로0.000001)이 있지요.
소수 이름으로 미세微細라 쓰는데
미세먼지의 미微가 이 소수의 이름입니다.

미진微塵을 다시 미진으로 나눈 것을
이른바 극미진極微塵이라 합니다.
이것이 이른바 원자原子Atom입니다.
미진微塵은 옮기면 글자 그대로 미세먼지지요.
국제기준은 PM10이지만
우리나라는 일본의 영향을 받아들여
PM2.5의 작기로써 표기하고 있습니다.
국제기준으로 보았을 때 10마이크로 미터면
10만분의 1m가 1 미세먼지微塵이고,
이 미세먼지를 다시 미세먼지로 나누었으니
이는 100억분의 1m입니다.

다시 말해 1나노미터nm의 10배 작기로서
1옹스트롬Angstrom 크기입니다.
옹스트롬의 캐피털 'A'가 아톰의 'A'지요.
이렇게 놓고 보면 불교의 극미진설이
얼마나 과학에 근접해있는지 알 수 있습니다.

### 0542 아침 단旦

아침 중에서도 해돋을 무렵입니다.
지평선—이나 또는 수평선— 위로 밝게 솟는
해日를 그림으로 표현한 자입니다.
한자에서는 아침을 상징하는 글자로 대표적인 글자를
아침 조朝라 하고 아침 주, 고를 조調가 있고
아침 단旦이 있습니다.
아침 조, 고을 이름 주晁, 아침 조, 바다 거북 조鼂
아침 주, 고를 조调, 아침 조鼂, 아침 해 욱旭
아침 해 돈暾, 아침밥 옹饔, 흐린 아침에 날 밝을 간暕
등이 있습니다.

단旦은 해 돋을 무렵 외에 환한 모양
누그러지는 모양, 정성스러운 모양
연극에서 여자로 분장하는 배우, 형벌의 이름
밤을 새우다, 밤을 새다의 뜻이 들어있습니다.
정월원단正月元旦은 다른 말로 사시四始라고도 하는데
그해 그달 그날 그때의 처음이라는 뜻으로
정월 초하룻날 새벽을 일컫는 말입니다.
그리고 침과대단枕戈待旦은 창을 베고 자면서
아침을 기다린다는 뜻으로
항상 전투태세를 갖추고 있는 군인의 자세며
삭단동지朔旦冬至란 말도 있는데
음력 11월 초하루에 드는 동지를 말합니다.

여기 《천자문》에서의 단旦Dan은
저우꽁周公의 이름을 두고 하는 말입니다.
저우꽁의 성은 지姬Ji고, 이름은 '딴旦Dan'인데
우리 발음은 '단'이지요.
우리의 한자 발음 '희단姬旦'과
중국어 발음 '지딴姬旦'에 관한 얘기를 하려면
30여년 전으로 거슬러 올라갑니다.
1983년 9월 21일 오후 2시경
서울시 종로구 봉익동에 위치한 대각사에서

불자님들의 추석차례를 모두 마치고
나는 서둘러 김포공항으로 향했습니다.
타이베이행 항공권을 끊어 놓은 까닭입니다.

타오위안桃園 국제공항에 내리니
눅눅하고 후끈한 저녁 열기가
입과 콧구멍으로 한꺼번에 밀려들었습니다.
나는 공항 리무진을 타고
무작정 타이베이시臺北市로 향했지요.
누가 기다리는 것도 아니었는데
관광안내에 실린 롱산쓰龍山寺를 찾았습니다.
한 마디로 겁이 없었습니다.
늦었지만 롱산쓰 참배를 마치고 나오는데
젊은이 한 사람이 따라붙었습니다.
서툰 중국어로 서로 수인사를 나누었습니다.
이름이 떵치우鄧邱Dengqiu였습니다.
쉽게 잊혀지지 않는 이름인데
우리말의 '덩치'와 비슷했기 때문입니다.
그는 우체국郵局에 근무하다가 쉬는 중이어서
시간이 많다고 했습니다.

이튿날 떵치우의 안내로 콩즈를 모신 사당을 참배했고

콩즈의 고향 취푸曲阜와 저우꽁의 얘기 중에서
저우꽁의 이름 씨단姬旦에 대해 묻자
그가 정색을 하고 바꿔 주었습니다.
"미스터 리, 저우꽁의 이름은
'씨단'이 아니라 '지딴姬旦Jidan'입니다."
보통 우리말 발음으로 한자의 '희'자는 대부분
'Xi' 'Xhi' 'Shi' 'Si' 등으로 나는 까닭에
그렇게 미루어 물었는데 아니었습니다.
그는 단호하게 말했습니다.
성인의 이름은 정확해야 한다면서
저우꽁의 이름은 '지딴'이라는 것입니다.

형제 나라 귀한 한국인들이
중화민국 타이완을 방문하면서
성인들 고유명사를 한국발음으로 읽는데
이는 조금만 신경을 써 준다면
콩푸즈孔夫子나 저우꽁의 이름을
바르게 표현할 수 있을 것이라고 했습니다.
저우꽁은 콩푸즈가 존경했던 분으로
같은 성자로 받든다는 말도 아끼지 않았습니다.

### 0543 누구 숙 孰

# 孰

아들 자子 부수에 '삶음'을 뜻하는 향享과
두 손으로 든다는 환丸자가 합하여
이루어진 글자입니다.
처음에는 익을 숙熟 자의 본자本字였는데
불화발灬을 붙인 익을 숙熟 자가 독립되면서
본디 익을 숙孰 자는 누구 숙孰이 됩니다.
'누구'라는 의미로 뜻이 전이된 것은
누구 수誰 자와 발음이 비슷한 데서 차용한 것입니다.

우리 발음은 '수'와 '숙'으로서 차이가 있지만
중국어는 '쉐이誰shei'와 '수孰shu'로
그리 큰 차이를 이루지 않습니다.
세계 어느 나라 언어도 비슷한 길을 걷는데
소릿값이 같거나 철자가 비슷하면
같은 뜻을 지닌 경우가 많습니다.
한자나 중국어도 여기서 벗어나지 않습니다.
여기에 담겨있는 뜻으로는

누구, 무엇, 어느, 외에 익다, 여물다, 무르익다, 익히다
정통하다, 무르게 되다, 숙련하다, 익숙하다 따위입니다.

철학하는 사람이거나 종교인이라면
누구나 한 번쯤 던지는 질문이 있습니다.
"부처님은 누구입니까?"
"당신은 누구입니까?"
"나는 누구인가?"
앞으로는 이를 바꾸어 물을 필요가 있습니다.
"누가 나입니까?"
"무엇이 나입니까?"
"과연 어떤 것이 나며 누가 나입니까?"
예전에는 나와 남을 갈라놓고
그 가운데서 '나'에 대해 물었습니다.
아니, 지금까지도 나는 다른 존재와 구별된 개체였습니다.
그런데 화엄원교華嚴圓教에서는 얘기합니다.
세상 어느 것도 그 어떠한 존재도 모두
나와 연결된 그 어떤 것이라고요.
따라서 나 아닌 것을 찾아볼 수가 없는데
과연 어디서 어디까지를 나로 볼 것이냐입니다.

**0544 경영 영營**

부수는 불 화火 자입니다.
담긴 뜻은 경영하다, 짓다, 꾀하다 외에 계획하다
두려워하다, 변명하다, 재다, 오락가락하다, 현혹하다
같다, 고을 이름, 별 이름, 진영, 주택 등입니다.
경영할 영營의 본자입니다.
경영할 영營 자와 경영할 영營 자 외에
초두艹의 경영할 영營 자도 있습니다.
불탈개炏든 초두艹든 같은 뜻이고
중요한 것은 컨퍼런스 홀의 뜻 민갓머리冖에
동료의 뜻을 지닌 여呂 자입니다.
사회적 종교적인 집단의 뜻을 지니고
공장 회사 등의 뜻을 지닌 컴퍼니입니다.

경영 영營 자에서 여呂 자에 담긴 뜻은
윗사람口과 아랫사람口이 하나ノ로 이어진
화합의 의미입니다.
윗사람과 아랫사람이 질서로 이어지기에 법측 려呂며

경영자와 회사 직원들이 조화를 이루기에
율려律呂의 여呂며
정열과 정열을 불태우는 불꽃炊입니다.
경영이란 더없이 소중한 덕목입니다.
국가의 경영이든 회사의 경영이든 가정의 경영이든
원리는 같습니다.
그러나 무엇보다도 가장 중요한 것이 있는데
자기 언어를 다스리는 일이며
자기 마음을 경영하는 일이며
자기 몸을 잘 닦아가는 일입니다.

그런 뒤에 가정을 경영하고 나라를 다스릴 일입니다.
우리는 정치인들이 나라는 잘 다스리고
경제인들이 회사는 잘 경영했는지 모르겠으나
가신과 인척과 자녀와 가정을 잘못 건사해
아직 일선에서 물러나기 전부터 절뚝거리는
오리걸음걸이를 보아야 했습니다.
혹 옛 스님네에게서 배울 게 하나라도 있다면
놓치지 말고 그거 한번 건져보자고요.

<137>
## 환桓공公광匡합合
### 제濟약弱부扶경傾

0545 **굳셀 환** 桓

0546 **공변될 공** 公

0547 **바를 광** 匡

0548 **합할 합** 合

제환공은 바로잡아 제후모으고
연약하고 넘어진자 붙들어주며

## 0545 굳셀 환 桓

나무 목木 부수에 소릿값은 뻗칠 긍亘입니다.
'뻗칠 긍' 외에 '베풀 선'으로도 새깁니다.
뻗칠 긍亘 자는 두 이二에 날日입니다.
사실 최초의 '뻗칠 긍亘' 자는
이처럼 위와 아래를 달月로 연결시키고 있습니다.
따라서 뻗어있는 달을 사다리로 삼아
다른 천체로 건너가므로 '뻗칠 긍亘'입니다.
뻗칠 긍亘에 담긴 달月을 보노라면
꼭 이중나선구조의 DNA를 보는 듯합니다.
어쩌면 크릭과 왓슨이 어디선가 이 글자를 보고
이중나선구조를 발견한 건 아닐까 하고
나는 엉뚱한 생각을 하곤 합니다.
뻗칠 긍亘 자는 한낮의 햇살입니다.
아침의 햇살日이 지평선一 위에서라면
낮의 햇살은 하늘一과 땅一 사이에서
오롯하게 홀로 빛나는 태양日일 것입니다.
전에 다른 곳에서도 언급했지만

해인사 일주문 기둥에 주련이 걸려 있습니다.

여말선초麗末鮮初의 고승이었던
함허득통涵虛得通(1376~1433) 선사의
선게禪偈라고들 하는데 찾아보지 않았습니다.

'일천 겁을 지냈으나 옛날이 아니요
만세에 뻗었으나 영원히 지금이로다'
역천겁이불고歷千劫而不古
긍만세이장금亘萬歲而長今

지나간 시간도 다가올 시간도
모두 한 점에서 이루어지는 것이고
이미 지나간 시간도 장차 다가올 시간도
현재라고 하는 한 점에서 만납니다.
이 게송에서 아쉬운 점이 하나 있다면
시간성은 있는데 공간성이 없음입니다.
천 겁과 만세는 오직 시간일 뿐입니다.
천 겁을 들었다면 아예 만방萬方을 들거나
만세에 천강을 짝했더라면 좋았을 것입니다.
불교의 멋은 어느 하나도 놓치지 않음입니다.
시방十方에 짝하는 삼세三世요

무량수無量壽에 무량광無量光입니다.
시방과 무량광이 공간이라면
삼세와 무량수는 시간입니다.
시공간이 함께 어우러진 선게禪偈였다면
비단 위에 꽃을 올려놓은 격이었을 것입니다.

하지만 선사는 생각했을 것입니다.
하나를 들 때 전체가 들린다는 것을 말입니다.
단풍잎 하나를 보고 천하의 가을을 알고
새끼손가락으로 바닷물을 맛보고도
'염분비 일정의 법칙'을 알 수 있다고 말입니다.
선사는 또 생각했을 것입니다.
시공간은 흑암천과 공덕천이라고요.
시간이란 깃과 벼리를 들 때 공간은 따라온다며
위안을 삼았을 것입니다.

굳셀 환桓 자는 뻗칠 긍亘 자에
나무목변木이란 부수를 덧붙이고 있습니다.
이 나무는 불교용어 무환자無患者를 따서
그 이름을 삼고 있습니다.
무환자란 환자가 없는 것이 아니라
'근심없는 자'란 뜻입니다.

근심은 다름 아닌 번뇌입니다.

번뇌를 벗어난 자가 곧 무환자입니다.

굳세다, 크다, 머뭇거리다, 푯말, 하관할 때 쓰는 나무 틀

무환자나뭇과의 낙엽 활엽 교목=무환자나무

위풍당당한 모양, '크게'의 뜻입니다.


후안꽁桓公Huangong은

중국 춘치우春秋chunqiu시대 사람으로서

치齊qi나라 제15대 임금에 해당합니다.

춘치우우빠春秋五霸chunqiuwuba가 있는데

치나라 후안꽁은 첫째 패주霸主입니다.

성은 지앙薑Jiang씨며

이름은 씨아오바이小白Xiaobai인데

쏭宋나라 씨앙꽁襄公의 아우弟입니다.

치의 후안꽁은 중국 역사에서

저우언라이周恩來Zhou Enlai(1898~1976)에 견줄 정도로

매우 유명한 사람입니다.

정말이라고요? 그렇습니다. 정말입니다.

저우언라이에 대해서는 워낙 유명하기에

설명을 생략합니다.

나머지 네 사람은 아래와 같습니다.

첫째 찐원꽁晉文公Jinwengong

둘째 쏭씨앙꽁宋襄公Songxianggong
치나라 후안꽁의 형님이지요.
셋째 친무꽁秦穆公Qinmugong
넷째 추쭈앙왕楚莊王Chuzhuangwang입니다.

### 0546 공변될 공公

담긴 뜻으로는 공평하다, 공변되다, 공정무사하다
한쪽으로 치우치지 않고 공평하다, 숨김없이 드러내 놓다
함께하다, 공적인 것, 상대를 높이는 말, 존칭, 벼슬, 귀인
제후, 관청, 관아, 널리, 여럿 등입니다.
공公은 여덟 팔八 자 부수며
아래에 사사로울 사厶 자를 놓았습니다.
여덟 팔八 자는 서로 등진 모습입니다.
반대한다는 것입니다.
무엇을 등지고 무엇을 반대하나요.
으레 사사로움私을 등지고 반대함입니다.
공평무사公平無厶함입니다.

'사私'는 재산禾 앞에서 부리는 욕심ㅅ입니다.
돈과 명예 따위와 관련된 게 아닐 때는
누구나 다 참하고 선량합니다.
재물 앞에서 비로소 본색은 드러나지요.
공公과 사私의 관계도 이와 같습니다.
사유재산Private Property 앞에서
얼마나 담담하느냐에 따라
성인이 되고 군자君子가 된다 할 것입니다.

국가나 사회를 위한 일이 공公이며
그런 일을 하는 사람이 곧 공무원입니다.
공公과 같은 글자로는 공평할 공皍 자와
공평할 공公 자가 있습니다.
위의 공 자는 보고白의 공정성ㅅ입니다.
있는 그대로를 전달하되 보태거나 빠트리지 않는 것입니다.
아래의 공 자는 '연 '자로도 새기는데
산속 늪지대를 나타내는 '늪 연公' 자입니다.
그러나 이 글자가 중요한 것은 언어口의 공개성ㅅ입니다.
정론직필을 생명으로 여기는 언론인들이
좌우명으로 삼아야 할 '공평할 공' 자입니다.

## 0547 바를 광 匡

# 匡

바를 광 匡 자는 튼입구몸 匚 부수입니다.
부수 이름은 '튼입구몸'이라 하지만 '튼입구몸'이라 치고
아무리 뒤적이더라도
이런 형태 匚의 글자는 나오지 않습니다.
이는 마치 재방변 扌을 찾을 때
'재' '방' '변' 중 어디서 찾아도
이런 글자 扌는 나오지 않습니다.
재방변이라고 하지만
부수는 '손 수 扌'에서 찾아야 합니다.
갓머리宀나 민갓머리冖를 찾을 때도
민갓머리는 '덮을 멱冖' 자로 찾아야 나오고
갓머리는 '집 면宀' 자에서 찾아야 나오며
다들 알고 있는 '책받침辶'이란 부수도
'책받침'이라는 데서는 나오지 않고
쉬엄쉬엄 갈 착辶/辵 자에서나 나옵니다.
따라서 튼입구몸도 상자 방 匚에서 찾습니다.

'상자 방ㄷ'은 상자처럼 생겼습니다.
이를 튼입구몸ㄷ이라 하는데
입 구ㅁ는 입 구ㅁ로되
한 녘으로 터졌다ㄷ 하여 튼입구몸ㄷ입니다.
상자는 상자로되 둥근 상자도 아니고
아무렇게나 생긴 상자가 아니라
사각으로 된 반듯하고 정확한 상자입니다.
반듯하다는 것은 곧 방정方正함입니다.

옛날 서당에서 어린 학동들에게 가르쳤던 교재
《샤오쉬에小學》는 6권으로 되어 있습니다.
그 책 첫머리에 보면 첫째 권에 입교편이 있습니다.
이 입교편에서는 '열녀전' 이야기를 들어
태교胎敎에 관한 얘기를 설명하고 있지요.
일고여덟 살짜리 아동들에게는 맞지 않는
그런 내용일 수도 있습니다.
그런데 이 태교의 내용은 너무 중요해서
이 글을 읽고 나서 나는 어린 나이임에도 불구하고
부모님에 대한 진한 고마움을 느꼈습니다.
반듯한 자리에 앉아야 하고
반듯한 모양의 음식만 먹어야 합니다.
옆으로 눕지 않고 반듯하게 누어야 하고

두부든 떡이든 칼로 썬 과일이든
어느 하나도 반듯하지 않으면
먹지 말라는 이 글을 읽으며 나는 어머니를 생각했지요.

실로 글을 읽으신 적 없는 나의 어머니가
태교에 대해서는 문밖 분門外漢일 수 있으시나
윗어른들로부터 들었을 수도 있습니다.
태교! 중요한 가르침입니다.
하나의 생명이 처음 시작될 때부터
말을 떠나 마음과 행동으로 빚는 가르침
나의 어머니도 분명 실천하셨을 것입니다.

바를 광匡에 담긴 뜻은 광주리
대나무 싸리나무 버드나무 따위를
재료로 하여 만든 그릇입니다.
또 서거나 걷지 못하는 사람
앉은뱅이를 낮잡아 이르는 말입니다.
이를 앉은뱅이 왕王 자로 새깁니다.
왕王이 열린ㄷ 정치를 합니다.
백성들을 속이고 비밀리에 하는 게 아니라
완벽하게 열린 정치를 하고 있습니다.
반듯할 수밖에 없습니다.

상자ㄷ도 반듯한 그릇임에 틀림없지만
하늘一과 사람一과 땅一을 하나로 꿰고ㅣ 있는 사람이
다른 이가 아닌 곧 왕王입니다.
그 왕王이 하는 정치ㄷ는
하늘에 두루 열려 있어야 하고
땅 위에 골고루 퍼져나가야 하고
모든 사람에게 고르게 입혀져야 합니다.

### 0548 합할 합合

부수는 입 구口 자며
세 가지가 합했다 하여 '삼합 집스' 자인데
삼합 집스 자와 입 구口 자는 한 가족입니다.
합하다, 모으다, 맞다, 대답하다, 만나다, 싸우다
적합하다, 짝꿍, 합(그릇), 쪽문
홉=양을 되는 단위로 1/10되升입니다.
협문夾門의 뜻도 있는데
대문이나 정문 옆에 있는 작은 문입니다.

'마을'의 뜻과 함께 '대궐'의 뜻도 있습니다.
양量을 되는 단위로서 읽을 때는 합이 아니라
'한 홉 두 홉'하고 홉으로 읽습니다.
합合은 쪽문 합閤 자의 간체자입니다.
글자가 생기게 된 배경이 3가지가 있습니다.

1. 아래 입 구口 자는 그릇의 몸통이고
위의 삼합 집스 자는 그릇의 뚜껑입니다.
곧 몸통과 뚜껑을 맞추는 일로서
나중에 합 합盒 자로 발전하게 됩니다.

2. 집스은 집集과 같습니다.
그리고 구口는 사람의 입입니다.
앞의 1이 모양으로 인해 생긴 글자라면
여기의 이 2는 소리로 생겼는데
집스과 구口가 합해 '대답하다'로 쓰이면서
대답할 답答 자가 나왔습니다.

3. 집스은 집集이고 구口는 물건입니다.
구口가 물건이라는 것은
물건 품品 자에서 엿볼 수 있습니다.
곧 '물건을 모으다'의 뜻입니다.

따라서 '합슴하다'의 뜻으로 쓰입니다.
사실 1. 2. 3. 어느 것이나 모으다, 모이다, 합하다,
맞다의 뜻입니다.

4. 이 넷째는 집필자 내가 제시한 가설입니다.
합할 합슴 자는 '입맞춤할 합슴' 자입니다.
윗입은 삼각형이고 아랫입은 사각형입니다.
입맞춤을 하든 또는 키스를 하든
서로가 서로에게 마음을 열지 않으면
두 입이 합하는 일은 그다지 쉽지 않습니다.
위의 삼각형은 삼면이 합했다 하여
'삼합 집ㅅ' 자로 새기고 있는데
밑변삼각형으로 안정성을 나태내고 있습니다.
아래 사각형은 네 변이 같은 사각형으로
은근히 불변성을 드러낸다고 봅니다.
안정성과 함께 변하지 않는 사랑의 마음을
합할 합슴 자는 잘 표현해 내고 있습니다

여기 《천자문》에서 구하고자 하는 답은
치犲나라 후안꽁의 올바르고 방정하며
화합을 바탕으로 한 정치력 이야기입니다.
아래 등장할 이야기이지만

그는 약한 사람을 건져주고
넘어지는 자를 붙들어주었습니다.

<138>
환桓공公광匡합合
제濟약弱부扶경傾

0549 건널 제 濟

0550 약할 약 弱

0551 도울 부 扶

0552 기울 경 傾

제환공은 바로잡아 제후모으고
연약하고 넘어진자 붙들어주며

## 0549 건널 제 濟

건널 제濟는 삼수변氵이 부수이고
건널 제済로도 쓰며
건널 제泲, 건널 제𣲗 등도 같은 뜻입니다.
'건너다'에서 보듯 삼수변氵이 기본입니다.
소릿값에 해당하는 제齊/齐/斉/𪗐는
'가지런하다' '같다'의 뜻입니다.
불교에서는 제도濟度란 말을 씁니다.
첫째 물을 건네줌이고
둘째 보살이 중생을 고해에서 건져냄입니다.
셋째 성불成佛하도록 이끌고
넷째 해탈解脫하도록 도와줍니다.
번뇌로 가득한 이쪽 언덕에서
법희法喜로 가득한 저쪽 언덕에 이르게 하며
마침내는 가장 쾌적한 세계 최고로 행복한 세계
극락으로 이끕니다.
제도의 '제'에서 부수氵를 뺀 '제'가
가지런함이고 같음의 뜻이듯

제도濟度는 가지런함이고 같아짐입니다.
왜 같아짐이고 가지런함일까요.
글자의 모양에서 엿볼 수 있습니다.

첫째 돼지해머리두ㅗ에서의 대칭입니다.
평행선ㅡ 자체가 가지런함인데
그 위의 점ﾍ도 한가운데 놓여있습니다.
돼지해머리두ㅗ는 왜 붙여 썼을까요.
부수 명칭이기 때문입니다.
일반적으로 표기한다면
'돼지 해 머리 두ㅗ'처럼 띄어 써야겠지만
부수 이름일 경우는 늘 붙입니다.
'돼지 해亥' 자에서 위에 놓인 것ㅗ이기에
'돼지해머리두ㅗ'라고 표기한 것입니다.

둘째 돼지해머리두 아래 놓인 구결자 口訣字 하ﾍ 도
정중앙이고 이 두 기운이 곧게 아래로 이어집니다.
잎사귀와 가지로부터 고루고루 받아들인
소중한 에너지를 줄기로 내려보내되
조금도 아까워하지 않습니다

셋째 구결자 하ﾍ 아래 이어진 기둥ㅣ도

흐트러짐 없이 한복판에 우뚝 섰습니다.
마치 영어의 대문자 Y자와 같습니다.
Y자는 세 갈래 표시입니다.
두 가지의 기운이 하나의 그루로 이어지고
그루터기에서 가지로 벌어짐입니다.
그리고 벌어지는 바로 그 지점에서
세 방향으로의 힘의 분배가 균형을 이룹니다.

넷째 Y자를 중심으로 대칭을 이루고 있는
글자가 같은 꼴입니다.
같은 칼刀 두 자루를 가져다가
바깥쪽으로 비스듬히 세운 것입니다.
이는 곧 양쪽 겨드랑이 아래 낀 호신검입니다.

다섯째 달 월月 자를 아래에 두었는데
이는 육달월月인 까닭에
건강한 두 다리를 상징한 것입니다.
여섯째 육달월은 두 다리며 사다리입니다.
두 다리 한가운데 선물亣이 있으니
하늘이 인간에게 내려 준 것이고 신이 준 것이기에
보일 시亣로 표시합니다.
그게 구체적으로 뭐냐고요?

때로는 그냥 넘어가기도 하자고요.

몸과 마음을 정결하게 할 재齋며
옛말로 목욕재계沐浴齋戒할 재齋 자입니다.
이처럼 가지런해짐이 제齊의 본령입니다.
불보살이 중생을 제도한다는 것은
불보살이 눈높이를 중생에게 맞추고
중생을 끌어올려 불보살과 가지런하게
경지度를 맞추어감을 뜻하는 말입니다.
따라서 제도濟度의 '제濟'는
중생과 부처의 경지를 가지런하게 함이고
제도濟度의 '도度'는 가지런함의 수준입니다.

견현사제見賢思齊입니다.
어진 이를 보면 닮아지길 생각하는 것입니다.
건널 제濟 자에는 다른 뜻도 있습니다.
건너다, 돕다, 도움이 되다, 구제하다, 이루다, 성공하다
성취하다, 더하다, 소용있다, 쓸모 있다, 유익하다, 많다,
그치다, 원조, 도움, 나루, 물 이름 따위입니다.

지濟는 물 이름입니다.
'지쉐이濟水Jishui'는 중국 옛날 4대강의 하나입니다.

창싼常山Changshan, 팡즈房子Fangzi
짠후앙싼贊皇山Zanhuangshan에서 나와
동쪽의 찌지앙洈江Zhijiang으로 들어갑니다.
중국의 요즘 4대강은 전혀 다릅니다.
창지앙長江Changjiang6,300km
후앙허黃河Huanghe5,464km
헤이롱지앙黑龍江Heilongjiang4,444km
주지앙珠江Zhujiang은 자그마치 2,200km입니다.
창지앙은 양쯔지앙扬子江이라고도 하고
헤이롱지앙은 아무르 강이라고도 합니다.

## 0550 약할 약弱

1개의 활을 만들 재료로 2개 활을 만들었으니
약할 수밖에 없습니다.
게다가 깃털羽처럼 가벼운 활이라면
강한들 얼마나 강하겠습니까.
약할 약弱 자의 상대는 강할 강強 자입니다.

강할 강強 자는 활弓에 깃羽이 없습니다.
무시무시한 뱀虫이 도사리고 있습니다.
으레 강력強한 녀석입니다.


담긴 뜻은 약하다, 약하게 만들다, 약해지다, 쇠해지다
수가 모자라다, 잃다, 패하다, 침노侵擄하다, 날씬하다
젊다, 불법으로 침범하다 외에
약한 자의 뜻이 들어있습니다.
같은 뜻을 가진 한자를 보실까요.
 나약할 나懦, 겁쟁이 유懦, 거둘 수收, 연할 취脆, 부드러울 유柔, 쇠할 쇠, 상옷 최, 도롱이 사簔, 연할 연软 자 따위가 있습니다.


쇠할 쇠衰를 '상옷 최衰'로도 새기는데
어려서 읽은 '복服'에 관한 글이 생각납니다.
그때는 참최斬衰니, 참최친斬衰親이니 하는 것은 물론
최복衰服이니, 자최齊衰니, 재최齋衰니
묵최墨衰조차 잘 이해하지 못했습니다.


지금은 상옷을 입는 제도가 없어졌고
상례 때 곡哭하는 법도 없어졌습니다.
사십구재나 백재를 지내는 경우는 더러 있으나

그나마도 부모상에 국한될 뿐입니다.
유교 문화를 엿볼 수 있는 것은
매년 양력 5월 첫째 일요일에 거행되는
종묘제례 정도에서나 가능할지 모릅니다.
전주이씨 대동종약원에서 해마다 5월이면
초대장을 보내왔기에 참석한 적은 그리 많지 않지만
종묘제례와 제례악이 얼마나 장중한지
조금은 이해할 수 있습니다.

### 0551 도울 부扶

재방변扌에 지아비 부夫 자입니다.
'도울 부扶' 외에 '기어갈 포扶'로도 새깁니다.
포복匍匐의 포匍 자와 같이 쓰입니다.
도울 부扶 자에는 돕다, 지원하다, 붙들다
더위잡고 오르다, 떠받치다, 부축하다, 다스리다
바로잡다, 곁, 옆의 뜻입니다.

1975년 겨울 안거가 시작되며
우리는 《치문緇門》을 읽어나갔습니다.
그때 중강仲講을 맡았던 현근玄根 스님은
'치문'과 함께 총림叢林을 설명했습니다.
그때 들은 말이 상기도 기억납니다.

'봉생마림불부자직蓬生麻林不扶自直'
쑥이 삼밭에서 자라니 붙들어주지 않아도 스스로 곧다.

환경의 중요성을 비유로 든 것입니다.
훌륭한 스승, 좋은 도반, 고즈넉한 도량
일할 맛 나는 직장, 웃음꽃 피우는 단란한 가정 등등
환경이 행복의 절반을 책임져줍니다.

걷지 않는 자가 땅을 밟지 않을 수는 있으나
걷는 자가 어찌 땅을 밟지 않을 수 있으며
날지 않는 새가 허공을 거치지 않을 수는 있으나
나는 새가 어찌 허공을 거치지 않을 수 있으랴
환경은 스스로 만들어가는 것도 맞으나
쾌적한 환경이 주어지기도 합니다.
바로 서방정토 극락세계입니다.
해인총림은 실로 장엄한 도량입니다.

이 장엄한 수행도량이 천년만년 이어져갔으면 싶습니다.
왜냐하면 도량을 가꾸는 이도 수행자요.
도량을 망치는 자도 사람이니까 말입니다.

## 0552 기울 경 傾

# 傾

명재경각命在傾刻이란 말이 있습니다.
목숨이 경각에 달렸다는 뜻이지요.
이는 위기에 처했음을 일컬으며
거의 죽을 지경이거나 할 때 쓰는 말입니다.
그러나 한 편 생각해 보면
삶과 죽음 사이는 아주 짧은 시간입니다.
부처님께서는《사십이장경四十二章經》에서
"사람의 목숨은 호흡 사이에 있다" 하셨지요.
이와 같은 뜻이 '명재경각'일 것입니다.
기울 경/ 기울일 경傾을 시간으로 볼 때
고개 한 번 한쪽으로 갸웃하는 순간입니다.

고개가 삐딱한 것도 버릇이라는데
근대 한국불교사에는 최고의 석학이셨던
가산 지관 대종사가 계셨습니다.
큰스님께서는 이미 열반에 드셨습니다.
실로 금석문金石文의 대가셨지요.
특히《가산불교대사림》은
완간을 다 보지 못한 채 아쉽게 가셨는데
스님께는 버릇이 하나 있으셨습니다.
당신도 알고 계셨는데 앉아 계실 때는
늘 고개를 왼쪽으로 젖히곤 하셨습니다.
이처럼 자신도 모르는 사이에
고개를 젖히듯 목을 기울이고
고개를 젖히는 순간이 다름 아닌 경각傾刻입니다.
고개를 잘 젖히는 사람이 있습니다.
자신도 모르는 새 고개를 옆으로 눕힙니다.

나는 어떤 일에 열중할 때면 혀를 빼뭅니다.
하도 많이 지적을 받다 보니
요즘은 좀 덜한 편이기는 해도
여전히 혀 빼어무는 습관이 있나 봅니다.
경각이란 바로 이처럼
자연스러우면서 짧은 순간을 두고 하는 말입니다.

사람인변 亻에 이랑 경頃/顷 자입니다.
이랑은 밭이랑을 가리키며
중국의 면적 단위에서 100묘畝를 1경頃이라 합니다.
중국의 지세는 동북부 쪽을 제외하면
남서부는 물론 북서부도 산악지대입니다.
계단식 논이 많은 것처럼
계단식 밭도 상상 밖으로 많습니다.

따라서 이랑이 많으면 많을수록 경사도
곧 기울기가 높은 편이라 하겠습니다.
중국에서 나온 용어가 '깔딱고개'입니다.
산중의 논밭이 다 가파르다 보니
한 이랑 한 이랑이 모두 깔딱고개입니다.
여기서 이랑 경頃, 기울 경傾이 나온 것이지요.
그러나 정확하게 얘기하면
밭이랑을 얘기할 때는 이랑 묘畝고
이랑 경頃은 비탈진 밭에서 기울기만 땄을 뿐
실제는 고개 젖히는 것을 표현한 것입니다.
그러므로 이랑 묘畝에는 밭田이 있는데
이랑 경頃에는 목과 머리頁만 있습니다.

이 기울 경傾 자에는 기울다, 기울어지다

마음을 기울이다, 비스듬하다, 바르지 않다,
다투다, 다치다, 잠깐의 뜻이 들어있습니다.
반듯한 것만 좋은 게 아닙니다.
살아가면서 더러 기울일 곳이 참 많습니다.
남의 얘기에 귀를 기울이고
아랫사람 의견에 마음을 쓰고
직장 선후배 동료들에게 관심을 기울이고
무엇보다 가족들과의 대화에서 사랑을 기울이면
그만큼 행복해질 것입니다.

여기《千字門》에서는 지濟Ji의 후안꽁桓公이
사사로움을 등지고
마음을 바르게 갖고
모든 제후들을 모아 정치를 논하되
약한 자를 구제하고
쓰러지는 자를 도우려 애쓴 사람입니다.
나는 그를 근대 중국의 혁명가
저우언라이에 견주기도 했습니다만
지후안꽁은 존경받아 마땅한 사람입니다.

# <139>
## 기綺회回한漢혜惠
## 열說감感무武정丁

0553 **비단 기** 綺绮

0554 **돌아올 회** 回

0555 **나라 한** 漢汉

0556 **은혜 혜** 惠

기리계는 한혜제를 복위시키고
부열선생 무정제를 감화시켰네

오늘 얘기를 풀어가려면

우선 치리지綺里季Qiliji와 관련된

옛이야기를 이해할 필요가 있습니다.

치리지는 중국 친秦Qin나라 말기 사람으로

상산쓰하오商山四皓Shangshansihao 중

주 멤버로 꼽히는 꽤 유명한 은자隱者입니다.

성의 치綺씨에 호가 한단꿍邯鄲公Handangong이지요.

이름에 '지季'가 들어가는 것으로 보아

치씨 집안 형제 중 막내였거나

상산쓰하오 중 나이가 가장 어렸을 것입니다.

친秦의 시황띠始皇帝가 천하를 통일한 뒤

많은 사람들이 시황띠의 폭정에 시달렸습니다.

하지만 시황띠의 엄격한 법치法治보다 더 나쁜 게 있었으니

호가호위狐假虎威하는 정치 모리배들이었습니다.

이른바 '완장족腕章族'들이었지요.

세상은 어지러울 대로 어지러웠습니다.

예나 지금이나 호가호위는 늘 있어왔지만

왕이 권위적일 때 좀 더 심하곤 했습니다.

기원전 200여 년 무렵,

이처럼 세상이 어지러울 때

상산商山, 지금의 산씨성陝西省Shanxisheng,

깊은 산골짜기에 네 사람의 은사隱士가
세상을 피해 숨어살고 있었습니다.
이는 분명 중국 이야기인데요.
이러한 은자들로 인하여 서양사람들은
우리나라를 '은자의 나라'라 불러왔습니다.
우리가 은자의 나라로 불리게 된 것은
쇄국정치와 함께 모화慕華 때문이었습니다.

우리나라가 서구 쪽으로는 문호를 열지 않은 채
오로지 중국 하나만을 바라본 게 수백 년이었지요.
미국의 동양학자
윌리엄 그리피스William Elliot Griffis(1843~1928)의
명저 《은자의 나라》를 읽어보셨습니까?
말은 동양학자면서
일본의 아류로 우리나라를 취급했던 사람이었지요.
그럼에도 불구하고 그리피스를 모르면
동양을 얘기하지 말라고 할 정도로
우리나라 일부 학자들은 그를 높이 평가했지요.
말이 좋아 《은자의 왕국Hermit Kingdomm》이지
쉬운 말로 '우물 안 개구리'란 뜻입니다.
그러기에 나는 누구든 한 번쯤은 읽어보길 권합니다.
그래야 그리피스에 대한 편애偏愛가 사라지니까요.

요즘은 미국만 바라본다고 합니다만
반드시 꼭 그런 것은 아닙니다.
미국만이 아니라 우리는 모두를 바라보며
동시에 모든 나라의 시선을 받습니다.
시선을 많이 받기로는 북한이 선배라고요?
이는 노이즈 마케팅Noise marketing일 뿐입니다.
그런데 요즘 영국이 유럽연합으로부터 탈퇴를 선언하면서
독자의 길을 가겠답니다.
영국이 쇄국정치를 시작하려나 봅니다.
브렉시트를 통해 '나만 살겠다'는 것입니다.
국민투표에서 보인 민의를 반영하겠지만
영국을 바라보는 유럽연합은 물론
세계 모든 나라가 걱정하고 있습니다.

남들은 문호를 더 개방하지 못해 안달인데
중국에만 문을 열었던 조선조처럼
북한은 스스로 고립계孤立系를 택합니다.
영국도 미국 트럼프도 나만 잘 살겠다는 것입니다.
일은 오른팔이 하고 대접은 왼팔이 받으니까
오른팔이 쿠데타를 일으키고 있습니다만
왼팔도 오른팔도 한 사람의 몸입니다.
영국이든 북한이든 러시아든 중국 미국이든

지금은 글로벌세상입니다.
지구 공동체 내에서 하나 된 조화가
더없이 필요한 때입니다.
분리된 조직체의 개체적 반란은 독립이 아니라 고립입니다.

그건 그렇고 상산쓰하오를 한번 보실까요.
첫째는 동위앤꽁東園公으로 이름은 탕쒸앤밍唐宣明이고
둘째는 룰리꽁角里公으로 이름이 저우쑤周術였으며
셋째는 시아황꽁夏黃公으로 이름이 추이황崔黃이었고
그리고 넷째가 여기 한단꽁 치리지였습니다

이들은 친나라 시황띠의 폭정을 피하고
세상일을 잊어버리기 위해
매일 바둑으로 소일消日 했는데
사람들은 이들을 '상산쓰하오'라 불렀습니다.
상산에 사는 네 사람의 노인이란 뜻입니다.
친나라가 멸망하고
한까오주漢高祖 리우빵劉邦이 천하를 얻습니다.
그는 상산쓰하오가 어질다는 소문을 듣고
사람을 보내어 초청했으나
상산쓰하오 네 사람은 응하지 않습니다.
세상의 온갖 부귀영화를 마다하고

되려 더욱 깊은 산속으로 숨어버리고 맙니다.

한까오주 리우빵에게는
뤼허우呂后Luhou라는 본부인이 있었고
리허우가 낳은 큰아들 리우이응劉盈이
이미 한漢나라 태자에 책봉되어 있었습니다.
그런데 한까오주는 나이가 들면서
첩실인 치戚Qi부인을 사랑하였습니다.
치戚가 친인척을 뜻하는 한자인데
어쩌면 친인척 중 한 사람이었을 수 있지요.
요즘도 일부 부족들 중에는 친족 혼인 제도가 있습니다만
기원전이라면 으레 있었을 법합니다.
아무튼 한까오주 리우빵은 첩실 치戚부인이 낳은
루이如意Ruyi로 태자의 자리를 바꾸고 싶어했습니다.

이를 알고 여러 대신들이 간곡히 말렸지만
한까오주는 신들의 간언을 듣지 않았습니다.
본부인이자 중전 뤼허우는 다급해졌습니다.
그녀는 장리앙張良Zhangliang을 찾습니다.
워낙 지혜가 뛰어나기로 이름난 고덕이었지요.
그녀는 장리앙에게 간청합니다.
"좋은 방법을 알려 주세요."

장리앙은 다음과 같은 묘책을 일러줍니다.

"중전이시여!
지금 바로 상산쓰하오에게
태자의 친서를 보내 초청하도록 하십시오.
편지의 내용은 가능하다면 지극히 공손한 말씨로 쓰시되
후한 예물과 함께 수레를 준비하시고
말 잘하는 사람을 보내어 설득하셔야 합니다.
만약 상산쓰하오가 산에서 내려온다면
태자의 자리를 보전하는 데 힘이 될 것입니다."

중전 뤼허우는 초대장을 보냈고
상산쓰하오는 하산하여 태자를 도왔습니다.
어느 날이었습니다.
한까오주는 치부인과 루이를 위해
상상초월의 성대한 잔치를 베풀었습니다.
태자 리우이응이 함께한 자리였습니다.
그런데 한까오주는 자기 눈을 의심했습니다.
눈썹과 수염이 온통 눈빛처럼 하얀 노인 4명이
태자와 함께 있었던 것입니다.
한까우주 리우빵이 주위에게 물었습니다.

"저 늙은이들은 도대체 누구누구인가.
누군데 태자와 함께 앉아 있는 것이냐?"
옆의 한 신하가 대답했습니다.
"폐하, 저들이 그 유명한 상산쓰하오입니다."
한까오주 리우빵은 깜짝 놀랐습니다.
"내가 저들을 보고 싶어한 지 오래다.
그런데도 날 만나주지는 않았느니라.
그런데 어떻게 나를 피하면서
태자와는 가까이 하고 있는 것이냐?"
한까오주는 그들에게 다가갔습니다.
"짐이 그간 누차 공들을 찾았소이다.
그러나 내 부름에는 끝내 오지 않더니
어찌하여 지금 여기에 와서
우리 태자와 담소를 나누고 있습니까?"
상산쓰하오 중 치리지가 대답했습니다.
바로 여기 《千字文》의 '치리지綺里季'입니다.
"황공하나이다 폐하!
폐하께서는 성정이 급하신 데다
선비들을 업신여겨 잘 꾸짖으시기에
저희들은 질책을 받을까 봐 두려웠습니다.
그리하여 그동안 피해온 것입니다.
하오나 소문을 듣사오니

태자는 마음이 어질고 선비들을 공경한다기에
태자를 위해 한목숨 바칠 생각으로
저희들은 이렇게 찾아왔나이다."
한까오주는 얘기를 듣고 말했습니다.
"그렇군요. 부디 태자를 잘 보좌하시오."
그러면서 중얼거렸습니다.
'이미 태자에게는 날개羽翼가 생겼구나.
내 힘으로도 이제는 어쩔 수 없구나.
이 나라는 태자 리우이응劉盈의 나라로다.'
잔치가 파하고 상산쓰하오가 물러가자
한까오주는 치戚부인을 불러 말했습니다.
"부인, 나는 태자를 바꾸려 하였소이다.
그런데 저들 이름있는 상산쓰하오가
태자 리우이응을 보좌하고 있어요.
이젠 태자에게 깃과 날개가 다 돋았구려.
움직일 수 없으니 그대가 단념토록 하시오."
치부인은 울음을 터트렸습니다.
10년간 들인 공이 한꺼번에 무너졌습니다.
한까오주가 태자를 바꾸지 않은 것은
장리앙의 계책이 맞아떨어진 것입니다.
이들 네 현인을 불러내는 데 성공함으로써
결정적 계기가 된 것입니다.

한까우주 리우빵이 세상을 떠난 뒤
그의 큰아들 태자 리우이응이 즉위하자마자
뤼허우呂后의 복수가 시작됩니다.
정적이자 연적이었던 치부인의 손발을 자르고
눈을 후벼 판 뒤 돼지우리에 넣어버렸습니다.
그러면서 그녀는 치부인을 '인간돼지'라며
조롱하고 비웃으며 처절하게 복수했습니다.

상산쓰하오商山四皓는
바둑 두는 그림으로 인해 널리 알려졌습니다.
상산쓰하오의 바둑 두는 그림을 보고
시를 읊은 문장가들도 여러 명 있는데
특히 조선조 초기의 대문장가인
사가四佳 서거정徐居正(1420~1488)의
사호위기도四皓圍棋圖 시는 꽤 유명합니다.

### 0553 비단 기綺

실사변 糸에 기이할 기奇가 소릿값입니다.
비단에도 여러 가지가 있는데
비단 기綺 자는 무늬가 아름다운 비단입니다.
참고로 비단 금錦 자는 무늬가 없습니다.
금상첨화錦上添花란 말이 그 증거지요.
'일반 비단 위에 꽃으로 수를 놓다'이니까요.

### 0554 돌아올 회 回

큰입구몸 口 안에 작은 입 구 口 자입니다.
돌아오다, 돌다, 돌이키다, 간사하다, 피하다, 어기다
굽히다, 번, 횟수 등과 몇 번임을 세는 말이고
돌림 횟수입니다.
다른 형태 같은 뜻을 지닌 글자로는
돌 회廻, 돌아올 회迴, 돌아올 회囘, 돌아올 회囬,
돌 회逥 자 등입니다,
물이 일정한 곳을 중심으로
빙빙 도는 모양을 본뜬 글자입니다.

**0555 나라 한漢**

# 漢

한수 한, 한나라 한漢

신년 탄漢 외에

대한민국 서울을 관통해 흐르는 한강 한漢

종족의 이름 한漢

은하수 한漢

사나이 한漢

놈 한漢 자로 새깁니다.

### 0556 은혜 혜 惠

으레 마음 심心이 부수이고, 삼갈 전叀 자가 소릿값입니다.
삼갈 전叀 자는 이 글자 외에도 삼갈 전耑 자가 있고
삼갈 전悛 자가 있습니다.
마음의 삼감, 삼가는 마음이야말로
어짊이고 사랑이고 돌봄이고 은혜입니다.
은혜 혜惠 자에는 은혜, 사랑, 어짊, 돌봄 외에도
상대를 존경하는 뜻으로 하는 경어가 있고
은혜를 베풀고, 일을 차리어 벌이고 도와주어
혜택을 받게 하는 사랑이 있으며
세모진 창을 혜惠라고 합니다.
매밋과의 곤충 털매미를 혜惠라 합니다.
털매미에서 씽씽매미를 가리킵니다.
그 밖에도 인자하다, 순하다, 유순하다, 슬기롭다
총명하다, 아름답다, 곱다, 장식하다, 꾸미다
따위의 뜻이 있습니다.

더러 지혜 혜慧 자와 혼용하고 있는데

중국선종의 제6조 따지엔大鑑Dajian 선사로
일명 차오씨曹溪Caoxi 대사라고도 합니다.
많이 알려진 이름 훼이닝慧能Huineng(638~713)을
대부분 일서日書에서는 은혜 혜惠 자를 넣어
훼이닝惠能Huineng으로 표기하고 있습니다.

여태껏 한 번도 직접 뵌 적은 없으나
리우주六祖 선배님이시여!
따지엔선사시여!
차오씨대사시여?
훼이닝 큰스님이시여!
아! 존경하는 이여! 꼭 뵙고 싶습니다.
내친김에 치리지 선생님도 꼭 한 번 뵙고 싶습니다.

<140>
기綺회回한漢혜惠
열說감感무武정丁

0557 **기쁠 열** 說

0558 **느낄 감** 感

0559 **호반 무** 武

0560 **곰배 정** 丁

기리계는 한혜제를 복위시키고
부열선생 무정제를 감화시켰네

## 0557 기쁠 열 說

기쁠 열說 자는 '기쁠 열' 외에
말씀 설, 달랠 세, 벗을 탈로도 새깁니다.
대표적인 새김은 말씀 설說입니다.
말씀 설說은 말씀, 문체 이름, 제사 이름, 말하다
이야기하다, 서술하다, 진술하다이며
달랠 세說는 달래다, 유세하다 할 때 씁니다.
기쁠 열說은 기뻐하다, 기쁘다, 즐거워하다, 즐기다
공경하다, 따르다, 복종하다, 아첨하다, 쉽다, 용이하다
헤아리다, 기쁨, 희열, 수數의 뜻이 있고
벗을 탈說은 벗다, 놓아주다, 빼앗기다, 제거하다
용서하다 등의 뜻이 있습니다.

첫째, 일부 이름씨 뒤에 붙여 풍설風說의 뜻을 나타냅니다.
둘째, 견해, 주의, 학설의 뜻이 있고
셋째, 중국에서의 문체의 하나입니다.
구체적 사물에 관하여 자기 의견을 서술하면서
사물의 도리를 설명하는 문장입니다.

탕쏭빠다지아唐宋八大家TangSongBadajia에
탕唐나라 한위韓愈Hanyu(768~824)는
최고 가는 제일인자였습니다.
그가 쓴《시쑤어師說Shishuo》를 비롯하여
베이쏭北宋의 저우뚠이周敦頤Zhoudunyi와
《아이리엔쑤어愛蓮說Ailianshuo》등 이런 작품들이
'설說'이라는 장르의 시작입니다.
문학 작품으로서의 형식을 갖춘 것은
대체로 탕唐나라 이후로 보고 있습니다.
기쁠 열說 자는 형성문자形聲文字입니다.
뜻을 나타내는 말씀 언言 자 부수에
소릿값을 나타내는 열(태)兌 자입니다.
말씀로 나타낸다는 뜻이 중심이 되어
'말씀'을 뜻하게 되었습니다.
오른쪽의 소릿값 열兌 자는
여덟 팔八자와 맏 형兄 자로 되어 있습니다.
여덟 팔八 자는 퍼져나감의 뜻이고
맏 형兄 자는 입口의 움직임儿을 표현합니다.

소릿값의 열, 탈, 세, 설兌 자는
큰소리로 웃고 떠들며 마음껏 즐김입니다.
기쁘고 즐거움에는

기본적으로 입으로 들어가는 먹고 마실 것이 있고
입에서 나오는 웃음이 있고 언어가 있고
그것은 무엇이고 이것은 무엇이라며
언어로써 구별하는 설說이 있게 되었습니다.
기쁨에는 반드시 마음이 바탕이 됩니다.
따라서 나중에는 심방부忄를 붙여
기쁠 열悅 자를 독립하여 쓰게 되었습니다.
이 독립 시기를 나는 콩즈孔子 이후로 보는데
왜냐하면 《룬위論語》 첫머리 〈학이편學而篇〉
'~불역열호不亦說乎'라는 말씀이
심방부悅가 아니라 말씀언변說인 까닭입니다.

## 0558 느낄 감 感

# 感

느낄 감 感 자는 형성문자입니다.
마음 심 心이 뜻을 나타내는 부수며
소릿값을 나타내는 다 함 咸 자와 합하여
정신적 느낌의 세계를 표현하고 있습니다.
따라서 마음의 세계에서도
여섯 가지 감관을 통해 들어오는 느낌
'좋다' '싫다' '그저 그렇다'처럼 다가오는
첫 느낌을 표현하고 있습니다.

다 함 咸 자는 개 술 戌 자와 입 구 口 자며
개 술 戌 자는 오른쪽의 창 戈 자와
왼쪽의 장정 정 丁이 만나
지킴과 보호의 뜻을 지니고 있습니다.
개는 어둠을 지키는 파수꾼입니다.
개는 창보다 날카로운 이빨을 지니고 있고
지칠 줄 모르고 달릴 수 있는
사나이 丁와 같은 힘을 갖고 있기에

이 두 글자가 만나 개 술戌 자가 되었습니다.
여기에 다시 개는 짖음의 능력이 있습니다.
고주파에서 저주파에 이르기까지
광역대 소리를 모두 지닌 것이 바로 개의 울부짖음입니다.
따라서 개戌와 짖음口의 만남이야말로
완벽한 총체이기에 다 함咸 자가 된 것입니다.

나중에 많은 사람의 입을 모아
소리를 질러 적을 물리치는 쪽으로 가닥을 잡았는데
여기에 다시 마음 심心 자를 보태
느낄 감感, 한 서릴 감感의 뜻이 되었습니다.

## 0559 호반 무 武

# 武

그칠 지止 부수에 주살 익弋 자입니다.
고려와 조선 시대에 지배층을 이루던 신분으로
소위 '양반'이란 게 있었습니다.
본디 관료 체제를 이루는
동반東班과 서반西班을 일컫습니다만
점차 그 가족과 후손까지 포괄하게 되었지요.
이를테면 '양반 행세' 따위입니다.
'그분은 행동거지가 점잖고, 몸가짐이 바르며
말씀에도 품격이 있으시더군.
그야말로 양반 중 양반이지'라며
점잖고 예의 바른 사람을 양반이라 합니다.

자기 집 남편을 남에게 소개할 때
'우리 집 양반'이라 하는가 하면
남자를 범상하게 또는 쉽게 이르는 말로
양반이라 하기도 합니다.
이를테면 '기사 양반' 과 같은 경우입니다.

사정이나 형편이 좋음을 일컫는 말로
'그때에 비하면 지금은 양반이지'라고 합니다.
이 양반이란 말은 동반 서반도 있지만
문반文班 무반武班에서 나온 말이기도 합니다.
호반虎班이란 곧 무반의 반열이지요.
무인, 무사, 병사, 군대의 위용, 무위
병법, 전술, 무예, 무술 따위 뜻입니다.
또한 병사들이 쓰던 온갖 무기로 병장기를 뜻합니다.

호반 무武 자는 주살 익弋 자와 그칠 지止 자의 합자로
주살弋과 같은 무기로 병란兵亂을 막아
전쟁을 그치게止 한다는 뜻이 합하여
'실로 호반虎班의 뜻이 굳건한 사람이다'
'무인의 기질을 지녔다' 로 뜻하게 되었습니다.

### 0560 곰배 정丁

고무래 정丁, 장정 정丁으로 새깁니다.
부수는 한 일一 자며 상형문자입니다.
못의 모양을 본뜬 글자입니다.
음을 빌어 천간天干의 넷째 글자로 씁니다.
고무래는 농촌에서 필요한 농기구입니다.
곡식을 그러모으고 또는 펴거나 밭의 흙을 고르거나
아궁이 재를 긁어모으는 데에 쓰는
'丁'자 모양의 농기구를 두고 하는 말입니다.

넷째 천간, 장정, 인구, 일꾼, 정, 부스럼
사물을 세는 단위, 소리의 형용, 옥玉 소리, 제사 이름
세차다, 강성하다, 친절하다, 시간의 넷째
사물의 등급을 매길 때나 차례에 있어서 제4위 병 다음임
정방丁方, 정시丁時, 남정男丁, 성姓의 하나
이 '열감무정說感武丁'에 얽힌 재미있는 고사故事가 있는데
이 고사를 알아야 글의 이해가 빠릅니다.
우띵武丁 Wuding은 샹商나라 군주입니다.

제22대 군왕으로 59년간 재위했지요.
어느 날 샹의 군주 우띵이 꿈을 꾸었습니다.
그는 꿈에 어떤 사람을 만났는데
참으로 슬기롭고 어진 사람으로 보였습니다.
우띵은 꿈에서 깨어난 뒤 대신들을 불러 꿈 이야기를 하고
꿈속에서 만난 그를 찾고 싶어했습니다.

그러던 중 누군가가 우띵을 배알했습니다.
"폐하! 폐하께서 꿈 속에서 보셨다는
그와 비슷한 사람을 본 자가 있나이다"
우띵은 몸소 그 사람을 찾아갔습니다.
그리고 그는 그 자리에서 돌처럼 굳었습니다.
꿈에 본 바로 그 사람이었기 때문입니다.
우띵이 물었습니다
"그대는 이름이 어찌 되시오이까?"
그가 답했습니다
"폐하! 푸위에傳說Fuyue라 하나이다"
우띵은 푸위에와 몇 마디를 더 나눈 뒤에
덥석 손을 잡으며 정중히 청했습니다
"푸위에 선생이시여!
짐이 삼가 선생께 청을 드립니다.
우리 샹나라를 위해 재상이 되어 주세요."

푸위에는 우띵의 군왕됨을 듣고 있었기에
우띵을 도와 나라를 일으키고 싶던 차였습니다.

푸위에는 겸손했습니다.
싼꾸차오루三顾草庐Sangucaolu를 기다리는
쭈거콩밍诸葛孔明Zhugekongming의 교만이
그에게서는 찾아볼 수가 없었습니다.
푸위에는 우띵의 청을 받아들여
샹나라 재상에 올랐습니다.
그리고 그는 힘껏 우띵띠武丁帝를 도왔습니다.

<141>
준俊예乂밀密물勿
다多사士식寔녕寧

0561 준걸 준俊

0562 깎을 예乂

0563 빽빽할 밀密

0564 말 물勿

준사예사 치밀하게 힘써일하고
많은인재 모여드니 평화로워라

## 0561 준걸 준 俊

# 俊

어려서 글자를 익힐 때에
가장 먼저 많이 써보는 게 있습니다.
누구나 갖고 있는 제 이름 석 자입니다.
성을 합해 두 자 이름도 있다고요?
으레 두 글자 이름도 있는데
우리는 석 자 이름은 '석 자'라 하는데
'두 자' 이름은 꼭 '외 자 이름'이라 합니다.
내 이름은 '석 자 이름'입니다.
나는 한문을 익힐 때 내 이름 다음으로
아버지 함자銜字를 많이 썼습니다.
소풍하러 잠시 왔던 사바세계를 훌쩍 떠나
본디 계셨던 곳Home으로 돌아가신 지
3주 뒤면 어언 만 스물여섯 해가 되지만
나는 내 아버지 함자를 즐겨 썼습니다.

한데 어머니 함자는 써 본 적이 별로 없습니다.
오랜 생각 끝에 요즘 내가 내린 결론입니다.

어쩌면 아버지는 문어체시고
어머니는 구어체이신 까닭이라고요.
길을 가다가 돌부리에 걸려 넘어져도
튀어나오는 구어체 "어머이~"
기쁘거나 슬플 때도 항상 "어머이~"였는데
부모님 이름을 써보라 하면
늘 아버지 함자 석 자가 먼저 나왔습니다.

맞습니다. 어머니는 글자로 표현되기 이전의 존재,
말로써 구어체로서 함께하는 분이시고
아버지는 품격을 갖춰 불러야 할
소중한 문어체의 존재가 맞으실 것입니다.
그런데 개개인의 성함姓銜이 아닌
자식에게 가장 소중한 대이름씨代名詞
'아버지' '어머니' '엄마' '아빠'라는 존함尊銜은
그냥 곧잘 써지더군요.
그런 면에서 본다면 양친 모두 자녀에게 있어서는
구어체이면서 문어체이신 게 맞는 듯싶습니다.

사춘기를 지나 뽀송뽀송 콧털이 나면서
아버지 함자는 연습 쓰기에서 사라졌습니다.
내 이름이 아버지 함자 자리를 대신했습니다.

볼펜이나 만년필을 처음 구입했을 때도
가장 먼저 써보는 게 내 이름입니다.
출가해서는 정휴 석정휴/正休 釋正休였고
글을 쓰기 시작하면서 필명筆名을 쓰니까
동봉東峰이란 글자를 많이 쓰곤 합니다.

아무튼 준걸 준俊 자를 보면
상기도 나는 나의 아버지가 떠오릅니다.
그러면서 혼자 중얼거립니다.
'나 진짜 출가 수행자가 맞긴 맞아?'
준걸 준俊 자는 형성문자에 해당합니다.
준俊 자는 순임금 순俊으로도 새깁니다.
뜻을 나태내는 사람인변亻부수와
소릿값 천천히 걷는 모양 준夋 자로 이루어지며
매우 영특하고 현명하며 뛰어남을 뜻합니다.

호걸준영豪傑俊英이란 말이 있습니다.
중국어로는 하오지에쥔잉Haojiejunying인데
이들을 한데 또는 그룹으로 묶어 풀기도 하고
낱낱이 한 자씩 떼어 놓고 새기기도 합니다.
떼어 놓고 새기는 경우를 볼까요.
열 명 가운데 뛰어난 사람 호豪

백 명 가운데 뛰어난 사람 걸傑
천 명 가운데 뛰어난 사람 준俊
만 명 가운데 뛰어난 사람 영英입니다.

언어학자 뚜안위차이段玉裁(1735~1815)는
그의《설문해자주說文解字注》에서 얘기합니다.
"덕이 만 명 중에 뛰어난 자가 준俊이다."
중국어에서 여자에게 쓰는 미칭美稱은
예쁘다는 뜻의 하오칸好看Haokan이지만
남자에게는 하오칸을 쓰지 않습니다.
'잉쥔英俊Yingjun'이라고 쓰지요.
잘생겼다, 멋있다, 남자답다의 뜻입니다.
준걸俊傑이란 재주와 슬기가 뛰어나고
또는 그런 사람을 가리킵니다.
뛰어난 인물이기도 합니다.
좋다, 당당하다, 헌걸차다, 헌거롭다, 뛰어나다
걸출하다, 크다, 높다, 수려하다 아름답다의 뜻입니다

### 0562 깎을 예乂

# 乂

깎을 예乂 자는 벨 예/어질 예/어진이 예 외에
징계할 애乂 자로 새기기도 합니다.
삐침별丿 부수에 파임불㇏을 놓았습니다.
회의문자로 알려져 있습니다만
내가 보기에는 상형문자도 맞는 듯싶습니다.
전지가위pruning shears 모습이니까요.
이 깎을 예乂 자에 담긴 뜻은
풀을 좌우로 후려쳐 쓰러트리다, 풀을 베다,
깎다, 다스리다, 치료하다, 평온하다, 안정되다
적적하다, 쓸쓸하다, 정리하다, 어질다, 뛰어나다,
어진 이, 뛰어난 사람 따위가 있고
징계할 애乂 자로 새길 경우
징계하다, 경계하다 따위가 있습니다.

참고로 징계할 애乂 자가 있는데
'깎을 예'의 소릿값은 '예'와 '애'에 다 통합니다.
예를 들면 쑥 애艾에 애통해하는 소리 애唉

아스타틴Astatine애砹(원자번호85 방사성 원소)
암뱁새 애鶍, 쑥 애/애 애釵처럼 '애'로 발음하고
벨 예乂, 끌 예曳, 벨 예苅, 물 이름 예汭
범의 모양 예虝, 다스릴 예嫛 등은 모두 '예'로 발음합니다.

### 0563 빽빽할 밀密

부수는 갓머리宀이고 소릿값은 반드시 필必 자입니다.
여기에 뫼 산山 자가 곁들여지면서
깊은 산 그윽한 골짜기深山幽谷를 뜻하게 됩니다.
심산유곡에는 숲이 빽빽하게 우거지고
빽빽하게 우거진 숲속에서는
온갖 생명들이 빽빽하게 깃들어 살고
생명이 많이 사는 곳에는
은밀한 사랑도 자연스레 이루어진다는
지극히 당연한 법칙이 밀密에 깃들어 있습니다.

또 다른 뜻으로는 신전神殿을 나타내는

갓머리宀에 잠잠할 밀宓이 만나 이루어진 글자입니다.
'잠잠할 밀' 자가 소릿값입니다.
이는 신전神殿 깊숙한 곳에
은밀하게 모셔진 신의 세계를 상징하는 모양입니다.
신을 모신 집은 비밀스럽고 은근합니다.
신이라고 하는 존재는 어떤 경우에도 눈에 띄지 않고
귀에 들리지 않고
코에 맡아지지 않고
혀에 느껴지지 않고
피부에 와 닿지 않고
생각으로 알 수 없는 분이기에 은근합니다.
불교를 제외하면 모든 종교는 신비주의입니다.

다 드러나 버리면 신비성이 없어져
일반 생명붙이들은 너무 우습게 생각합니다.
바로 이러한 신의 세계에 편승便乘하여
불보살상佛菩薩像을 모시는 법당도
어둡고 내밀하게 꾸미기 시작했습니다.
그런데 불보살 세계는 본디 밝은 세계입니다.
불보살에게는 어둠이 없습니다.
불보살은 가림이 없고 비밀이 없습니다.
무량광無量光의 광명을 지니신 부처님이

굳이 어두워야 할 이유가 없습니다.
태양보다 밝은 부처님 세계를 어둡게 꾸밉니다.

특히 일본 사찰 대부분이 그렇고
중국이나 타이완을 가더라도 그렇습니다.
은밀하게 어둡게 내밀하게 꾸몄습니다.
우리나라 옛날 법당들은 밝습니다.
전기가 들어오지 않던 그 먼 먼 옛날에
남향南向 법당들은 밝고 쾌청했습니다.
그런데 요즘 일본 중국을 비롯하여
다른 나라의 영향을 받아
은근하게 법당을 꾸려가고 있습니다.
은근히 신비로움으로 과대포장하려 합니다.
빽빽할 밀密 자에 담긴 뜻을 볼까요?

빽빽하다, 촘촘하다, 빈틈없다, 착 달라붙다
자세하다, 꼼꼼하다, 가깝다, 가까이하다, 친하게 하다
조용하다, 깊숙하다, 가깝다, 비밀로 하다, 숨기다
누설하지 않다, 은밀하다, 몸가짐이나 언행을 조심하다
편안하다, 비밀祕密, 숨겨 놓은 일, 사삿일
몰래, 편안히 따위의 뜻이 들어 있습니다.

## 0564 말 물 勿

**勿**

말 물勿/털 몰勿, 쌀포 몸勹의 '쌀'은
먹는 쌀米이 아닙니다.
물건을 포장하다, 싸다의 어근 '쌀'입니다.
이 '쌀포몸'을 '쌀 포대'로 알고 있기도 한데
이는 분명 포장Packing의 뜻입니다.
우리말 발음으로는 이해가 가지 않겠지만
중국어로 말 물勿 자와 없을 무無 자는 소릿값이
모두 같은 우wu입니다.
따라서 '없다'의 글 없을 무無 자에서
음과 함께 부정사/금지사를 빌려왔습니다.
말다, 말라, 말아라, 아니다, 없다, 않다, 근심하는 모양
창황惝怳한 모양, 부지런히 힘쓰는 모양
분주한 모양 등은 '말 물' 자로 새기고
'먼지를 털다'라 할 때는 '털 물' 자로 새깁니다.

훌륭한 준사俊士와 예사乂士들이 많이 모인다는 것은
나라가 흥할 조짐입니다.

정토 경전《불설아미타경》에서
서가모니 부처님께서는 말씀하십니다.
"극락세계에는 위대한 보살마하살들과
아비발치 경지에 오른 아라한들이 가득하다"
라고 말입니다.

멋진 분, 훌륭한 분들과 함께한다는 것은
세상의 어떠한 환경보다 소중합니다.
불교에서는 자연 환경과 함께
선지식 환경을 매우 중요시합니다.
쾌적한 극락정토 器世間와 함께
뛰어난 극락세계 대중 衆生世間을 든 것은
육방제불 智正覺世間이란 환경 못지않게
더없이 소중하다는 의미일 것입니다.
이《천자문千字文》에서는 이렇게 얘기합니다.
'준사예사 치밀하게 힘써 일하고,
많은 인재 모여드니 평화로워라'

<142>
준俊예乂밀密물勿
다多사士식寔녕寧

0565 **많을 다** 多

0566 **선비 사** 士

0567 **이 식** 寔

0568 **편안 녕** 寧

준사예사 치밀하게 힘써일하고
많은인재 모여드니 평화로워라

## 0565 많을 다 多

많을 다 多자는 회의會意문자입니다.
저녁 석夕 자가 부수입니다.
그러나 회의문자인 이상
부수와 함께한 다른 글자와 합하여
그 글자가 지닌 뜻을 나타내게 되어 있습니다.
며칠 전 나는 많을 다 多 자를 새기면서
저녁 석夕 자가 겹쳤으니
"하룻밤에 두 탕은 과하다"고 하였습니다.

타오위앤밍陶淵明 Tao Yuanming(365~427)이 쓴
성년부중래盛年不重來 일일난재신一日難再晨
급시당면려及時當勉勵 세월부대인歲月不待人
이라는 시가 있습니다.
옛 교재《명심보감明心寶鑑》끝에도 실려 있는데
전체 열두 줄 가운데 뒤로 넉 줄입니다.
우리말로 옮기면 이렇습니다.

'젊은 시절은 거듭 오는 게 아니요
하루에 새벽이 두 번은 어렵나니
때가 오면 마땅히 힘써 노력하라
세월은 사람을 기다리지 않는다'

하루에 새벽이 두 번 있기 어렵듯이
하룻밤에도 저녁은 두 번 있기 어렵습니다.
하룻밤의 두 탕이란 이런 뜻입니다.
그러나 저녁 석夕 자를 달月로 볼 것이냐
아니면 육달월月로 볼 것이냐에 따라
글자의 새김도 달라질 수밖에 없습니다.
위성인 달로 보면 위의 해석과 같습니다만
육달월로 보면 얘기가 달라집니다.
일설에서는 저녁 석夕이 겹친 게 아니고
신에게 바칠 고기月를 재어놓은 것으로
물건이 많음을 나타낸다고 하고 있습니다.
그것이 나중에 저녁 석夕 자가 겹쳐
많을 다多 자가 되었다고 생각하게 되었습니다.
그런데 뜻이 상큼하게 들어오지 않습니다.

한밤중에만 움직이는 존재라면
이는 신이라기보다는 귀신일 것입니다.

귀신에게 올릴 고기를 재어놓았다면
저녁 석夕 자를 포개놓을 게 아니라
처음부터 육달월月을 포개놓았어야 합니다.
그러기에 신에게 올릴 고기의 축적보다는
좀 억지스러워도 하룻밤에 두 탕이라거나
저녁마다夕夕의 뜻이 '많음多'에 가깝다 봅니다.

많다, 낫다, 더 좋다, 뛰어나다, 많게 하다
아름답게 여기다, 두텁다, 붇다, 늘어나다, 겹치다
포개지다, 도량이 넓다, 중히 여기다, 크다, 남다
공훈功勳, 전공戰功, 나머지, 단지但只-다만, 겨우
두터이, 많이, 때마침, 푸짐하다, 기껍다
따위의 뜻이 있습니다.

다른 형태 같은 뜻의 글자로는
많을 다夥, 많은 물줄기 천巛, 말 많을 녑朆
많을 신㮆, 수염이 많을 새罳, 많을 오䩞, 많을 오䪨
말 많을 효嚻, 숱 많고 검을 진鬒 등이 있습니다.

중국어 시간에 '안녕하세요'
다음으로 익히는 단어가 '얼마입니까?'입니다.
중국인 관광객이 한국을 찾았을 때도

내가 중국을 방문했을 때도 티켓은 끊어야 하고
살 물건이 있으면 흥정은 해야 하니까요.
이 '얼마'를 중국어로 '뚜오싸오多少duoshao?'
'뚜오싸오치엔多少钱duoshaoqian'이라고 합니다.

## 0566 선비 사士

회의문자로 알고 있습니다.
하나一를 배우면 열十을 깨우치는 사람입니다.
그런 뜻에서 '선비'를 뜻하게 되었습니다.
선비는 과연 어떤 사람입니까?
학식은 있으나 벼슬하지 않은 사람
벼슬을 하더라도 올곧은 사람이었습니다.
따라서 시인 구상具常 선생님이나
법정 스님을 마지막 선비라고들 했습니다.
불교에서는 사士를 보살 사士 자로 새깁니다.
보살菩薩을 개사開士라고 풀이합니다.
보살이 원어고 개사가 풀이입니다.

보살은 보리살타Bodhisattva로 범어이고
개사는 범어 보살을 한역한 것입니다.
다른 번역은 각유정覺有情입니다.

스스로 마음이 열린 자를 개사라고 하며
남을 열어줄 수 있는 자가 개사입니다.
마음이 열리지 않은 중생들에게
부처로 가는 길을 열어주는 자가 개사고
부처가 중생에게 쉽게 다가가시도록
길을 안내하는 자가 개사입니다.
개사開士는 열린 선비요, 열린 보살입니다.

조계종 소의경전인《금강경오가해金剛經五家解》에는
여섯 분의 선지식이 등장하는데
설의說誼를 맡은 함허득통선사를 제하고
나머지 다섯 분을 오가五家라 합니다.
다섯 분 가운데 한 분의 재가자가 있습니다.
바로 푸따쓰傅大士Fudashi입니다.
1978년 6월말 7월초 이맘 때였습니다.
해인사 강원講院 경반經班일 때인데
점차 한여름으로 접어들면서
사교四敎의《금강경오가해》시작이었습니다.

그때 나온 얘기가 푸따쓰 곧 부대사였습니다.
부대사가 선비 사士 자를 쓰고 있는데
그를 출가자로 볼 것이냐
재가자로 볼 것이냐 하는 것이었습니다.
그러는 과정에서 결론 직전에 이르렀지요.

"재가자가 어떻게 오가에 들 수 있습니까?"
"맞아요, 출가자이신 고승이 맞습니다."
"아직 이에 대한 주석이 없으니~"
"부대사 스님으로 일단락 지읍시다."
"그래요, 그렇게 하자고요."
논강論講은 후끈하게 열기를 더해 갔습니다.
바로 그때 한 사람이 반론을 제기했습니다.
누구였느냐고는 굳이 묻지 마십시오.

그의 말이 끝나기도 전
우리는 최종적으로 결론을 냈습니다.
"부대사는 재가자며 불교학자"라고
바로 선비 사士, 보살 사士 자 때문이었습니다.
공부에 출가 재가의 장막은 없습니다.
출가 재가의 높낮이도 없습니다.
깨달음에도 신분과 위계는 없습니다.

승속과 남녀의 구별이 없습니다.
시니어先輩도 없고 주니어後輩도 없습니다.

무유정법無有定法이 아뇩다라삼먁삼보리이고
무유정법을 여래께서는 설하셨습니다.
그렇다면 무유정법이 무엇입니까?
한 마디로 아무것도 아닙니다.
별 볼 일 없는 것입니다.
아무것도 아니고 별 볼 일 없는 것이
다름 아닌 아뇩다라삼먁삼보리이고
여래께서는 아무것도 아닌 것을 설하셨습니다.

각설却說, 선비 사士 자는 관리, 벼슬아치, 사내, 남자
군사, 병사, 일, 직무를 얘기하기도 하고
칭호나 직업 이름에 붙이는 말이기도 합니다.
군인의 계급, 벼슬 이름도 선비에 해당하고
벼슬하다, 일삼다, 종사하다를 뜻하기도 합니다.

사士 자가 들어가는 직업이 많습니다.
위에 거론한 것 밖에 변호사, 박사, 조종사, 석사, 도사
영양사, 기사, 진사, 공인회계사, 기능사, 사법서사
계리사, 치과기공사, 무사, 지사, 법무사, 사법대서사

신사, 열사, 임상병리사가 있습니다.
걸사乞士, 개사開士, 명하사, 장사, 투사, 책사 등
자그마치 800여 가지가 나옵니다.
걸사와 개사는 불교용어로
개사는 위에서 본 대로 보살의 의미이며
걸사는 출가수행자를 일컫는 말입니다.
걸사는 출가자에 국한되지만
개사는 출가 재가에게 모두 해당합니다.

걸사는 비는 선비요, 빌게 하는 보살입니다.
겉으로는 음식을 빌어 몸을 돕고
안으로는 법을 빌어 정신을 돕습니다.
음식과 법만 빌고 빌게 하는 게 아닙니다.
때로 솜씨를 빌고 빌게 하고
때로 맵씨를 빌고 빌게 하고
때로 웃음을 빌고 빌게 하고
때로 행복을 빌고 빌게 하는 것입니다.

걸사는 남움직씨로 남에게 빌기도 하지만
제움직씨로 남에게 빌 기회를 주기도 합니다.
내가 필요한 것을 남에게 비는 것은 남움직씨고
남이 내게 필요한 것을 내게 요구할 때

그런 기회를 그에게 제공해 주는 것
곧 빌도록 유도하는 것을 제움직씨로 봅입니다.
이처럼 걸사乞士의 불교가 되어야 하고
개사開士의 불교가 되어야 합니다

## 0567 이 식寔

뜻을 나타내는 부수 갓머리宀와
글자의 소리값을 지닌 이 시是 자가 만나
'이 식寔' 이라는 용어가 생겨났습니다.
이 식寔 자에 담긴 뜻은 간단합니다.
이, 이것, 참으로, 진실로, 방치하다, 두다 따위입니다.
식寔 자 속의 시是는 태양日 처럼
정확하고 바르다正는 뜻이 만나 이루어진 글자입니다.
시是의 본자 시昰 자에 그 뜻이 담겨 있습니다.
이 식寔 자도 같은 뜻입니다.

### 0568 편안 녕寧/宁

역시 회의문자입니다.
집을 뜻하는 부수 갓머리宀를 필두로 하여
그릇 명皿 자와 마음 심心 자가 만나
가장 선호하는 글자가 생겨났습니다.
음식물이 그릇에 수북이 담겨 있는 까닭에
안심하고 살 수 있다는 뜻입니다.
나중에 소릿값을 지닌 정丁을 더했지요.
편안하다, 편안하게 하다, 문안하다, 친정가다
편안, 차라리, 어찌 등의 뜻이 들어 있습니다.

다른 글자 같은 뜻으로는
편안할 녕/영寗, 편안할 녕 간체자/뜰 저宁
편안할 녕 옛글자宀, 편안할 녕寍, 편안할 녕寧
차라리 녕寍, 차라리 녕/영甯 따위가 있습니다.
안녕寧에는 첫째 깃들어 쉴 집宀이 있어야 하고
둘째 살림을 살 세간살이皿가 있어야 하며
셋째 무엇보다 건강丁이 있어야 하고

넷째 이들 위에
마음心이 있어야 합니다.
이들 네 가지 안녕의 필수조건과 함께
이들을 유지해 갈 일터가 있어야 합니다.

## <143>

# 진晉초楚경更패霸
## 조趙위魏곤困횡橫

0569 **진나라 진** 晉

0570 **초나라 초** 楚

0571 **갈마들 경** 更

0572 **으뜸 패** 霸

진과초는 번갈아서 패주가되고
조와위는 연횡으로 곤란하였네

미래학자 앨빈 토플러Alvin Toffler가
88년의 삶을 마감하고 세상을 떠났습니다.
1928년 10월 3일 미국 뉴욕에서 태어나
2016년 6월 27일 L.A에서 별세하기까지
미래를 내다보는 굵직한 저서들을 펴냈습니다.
《미래의 충격》《제3의 물결》《권력 이동》《에코스파즘》
《전쟁과 반전쟁》《부의 미래》《불황을 넘어서》
《위기를 넘어서 : 21세기 한국의 비전》 등.

그가 1991년에 낸 책 《권력 이동》에서는
권력의 원천을 3가지로 규정했습니다.
첫째 폭력은 저품질 권력이고
둘째 부富는 중품질 권력이며
셋째 지식은 고품질 권력이다.
21세기 권력 투쟁에서 핵심은 지식입니다.
지식은 진정한 권력의 수단이 될 것이라고
앨빈 토플러 박사는 내다본 것입니다.
또 지식은 소멸되지 않습니다.
약자, 가난한 자도 소유할 수 있습니다.
따라서 지식은 폭력과 부의 횡포를
제어할 수 있을 것이라고 예견했습니다.
자유당 시대를 온몸으로 살아보지는 않았지만

늘 법보다 주먹이 앞섰다고 들었습니다.
사춘기 젊은이들은 말할 것도 없고
사람들 많이 모이는 곳은 지나갈 수 없었습니다.
총칼에서 권력은 나온다고 했습니다.
나는 단언하건대 그것은 진정한 힘이 아닙니다.

앨빈 토플러 박사가 말하는 폭력은
폭력 그 자체가 지닌 품질보다
폭력이 권력과 결합했을 때의 품질입니다.
똑같은 말이라도 장삼이사張三李四의 말은
그냥 장삼이사의 지껄임일 뿐입니다.
그런데 권력을 가진 자의 한 마디는
권력 높이에 따라 힘이 달라지는 것입니다.

승리해도 병신 패배해도 병신이라면
승리한 병신이 되라
— 앨빈 토플러

이름 없는 필부匹夫가 이 말을 했다면
'짜식, 아는 척하기는!' 하고 말겠지만
앨빈 토플러 박사의 말이기에 힘이 실립니다.
가령 평범한 사람이 말 안 듣는 아이를 두고

'매를 아끼면 애 버려' 라고 했을 때는
'그래, 그 말이 맞는 것 같아'로 끝나고 맙니다.
그러나 최고의 권력자 한 나라의 대통령이
'매를 아끼면 아이 버립니다' 라고 했다면
그 힘은 메가톤megaton급으로 나타납니다.
로드리고 두테르테Rodrigo Duterte는
필린핀菲律宾 대통령 이름입니다.
그는 범죄 없는 나라, 마약 없는 나라
폭력 없는 안정된 나라를 공약으로 내세우며
마침내 국가원수 대통령이 되었습니다.
그는 취임 전에 이미 60명에 가까운
마약 복용자 거래자를 사살하고 처단했습니다.

시장으로 있을 때에 비하면
그의 힘은 상상 초월로 크고 막강해진 것입니다.
이미 마약 투여자들이 앞다투어
경찰에 자수하고 각서까지 쓰곤 했습니다.
앨빈 토플러의 권력 이동설에 의하면 이런 힘은
대통령이 되었을 때는 시장으로 있을 때와
다르게 써야 합니다.
경제의 힘이 첨가되고
지식의 힘이 첨가되고

사랑의 힘이 첨가되고
폭력을 없애기 위한 절차로서의 폭력 권력일 때
그는 필리핀 역사에 오래도록 기억되는
훌륭한 대통령이 될 것입니다.
아무튼 필리핀 국민들은 선택했습니다.
마약과 폭력에 진저리를 쳐 온 이들입니다.

진晉Jin나라와 추楚Chu나라가 패권을 놓고
서로 다투었다고 한다면
여기에 들어가는 힘은 지식이 아닙니다.
경제를 바탕으로 하는 엄청난 폭력의 힘입니다.
다시 말해 폭력을 바탕하는 권력입니다.
전혀 그렇지가 않다고요?
전술과 병법은 최고의 지식이라고요?
군사 전문가 쭈거리앙諸葛亮Zhugeliang은
결코 무식한 사람이 아니라고요?

### 0569 진나라 진晉

회의문자에 속하며 나아갈 진
또는 나라 진으로 새기기도 합니다.
날 일日 부수에 도달할 진臸 자의 합자입니다.
해가 솟아올라 온갖 사물을 비추어
위로 쭉쭉 뻗어나아감을 뜻하고 있습니다.
나는 이를 눈깔 진晉 자로 새겼습니다.

어려서부터 진나라 진晉은 눈깔 진이었지요.
날 일日 자 위에 두 이二 자가 있습니다.
그 두 이二 자를 위아래로 벌려 놓고,
사사 사厶 자가 나란히 놓여 있습니다.
이 사사 사厶 자가 눈깔처럼 반짝 빛납니다.
 아버지 목소리가 생생합니다.
"얘야! 눈깔 진晉 자란다."
나아가다, 억누르다, 사이에 끼우다
꽂다, 괘卦 이름, 진晉나라, 성姓의 하나

## 0570 초나라 초 楚

# 楚

초나라 초, 회초리 초楚로 회의문자입니다.
옛날 글 초나라 초楚 자 모양은
도끼로 작은 나무를 베어내는 모양입니다.
초楚 자는 숲을 뜻하는 수풀 림林과
글자의 소릿값을 나타내며
동시에 많은 뜻을 가지는 떨기疋입니다.
떨기는 떨기 총叢이라고도 하는데
가지런히 숨뿍숨뿍 자란 풀잎 모습입니다.
떨기 총叢 자를 대하고 보니
문득 총림叢林이 생각납니다.
총림은 빈타바나貧陀婆那를 옮긴 말입니다.
원어는 Vindhyavana로써 단림檀林으로
번역하기도 합니다.

스님들이 숲처럼 많이 모여
화합하고 수행하는 도량을 뜻하는 말입니다.
대한불교 조계종은 팔대총림이 있습니다.

전국에 본사本寺를 중심으로
총림법에 따라 함께 수행하고
함께 경영하는 굵직굵직한 범찰이 있습니다.
이를 총림叢林이라고 합니다.
50여 년 긴 역사를 간직하고 있습니다.
법보종찰 가야산 해인사에서
처음으로 해인총림이 문을 엽니다.


1. 가야산 해인사 해인총림海印叢林
2. 조계산 송광사 조계총림曹溪叢林
3. 영축산 통도사 영축총림靈鷲叢林
4. 덕숭산 수덕사 덕숭총림德崇叢林
5. 백양산 백양사 고불총림古佛叢林
6. 금정산 범어사 금정총림金井叢林
7. 팔공산 동화사 팔공총림八公叢林
8. 지리산 쌍계사 쌍계총림雙溪叢林


팔대총림八大叢林이 생긴 것입니다.
3개 총림은 불과 4년 전에 지정되었습니다.
1975년 겨울, 해인사 궁현당이었습니다.
해인사 강원 '치문반緇門班' 때였으니까요.
중강仲講 현근 스님이 강석에 올라

교편敎鞭으로 탁자를 두들겨 가며
힘주어 말씀하셨습니다.
'여느 강원이 아닌 해인총림강원에 들어옴을 자랑스럽게
자부심으로 여기라.'
강의하던 현근 스님 모습이 생생합니다.

풀이 어지럽게 돋아나지 않음이 '총'이요
나무가 어지럽게 자라지 않음이 '림'이라
초불난생왈총草不亂生曰叢이요
목불난장왈림木不亂長曰林이라

초나라 초楚 자에는 나라 이름으로
초楚나라를 비롯하여 회초리, 가시나무, 매
아름다운 모양, 우거진 모양, 매질하다, 아프다, 괴롭다
늘어놓다, 산뜻하다, 곱다, 우거지다
등의 뜻이 들어있습니다.
초나라 초, 회초리 초楚楶 자입니다.
앞의 진晉나라와 이 초楚나라에 대한
자세한 역사 이야기는 생략합니다.

## 0571 갈마들 경更

다시 갱, 고칠 경更으로 새기기도 합니다.
회의문자며 가로 왈日 부수에
등글월문攵 자를 합한 글자입니다.
다시 갱更, 고칠 경更, 갈마들 경更
모두 손에 회초리를 들고 있는 모습입니다.
등글월문攵 자가 회초리 상형입니다.
등글월문은 '회초리로 때리다' 할 때의
움직씨 '칠 복攵' 자로 쓰기도 합니다.
경更과 병丙은 우리말로 같은 소릿값입니다.
고칠 경, 다시 갱更 자가 그 증거입니다.
병丙Byeong과 경更Kyeong은 소릿값이 모두
yeong로 표현되고 있습니다.
하지만 우리말과 중국어의 소릿값은
빙丙Bing과 끙更Geng처럼 아주 다릅니다.

경更은 오경五更의 경을 뜻하기도 합니다.
하룻밤을 일경一更부터 오경五更까지

다섯 단계로 나눈 시각의 총칭입니다.
다른 말로는 오고五鼓라 합니다.
왜냐하면 매 경마다 북을 쳤으니까요.
경고更鼓는 경중更中에 쳤는데
이를테면 초경고는 저녁 7시와 저녁 9시 사이
곧 저녁 8시 경傾에 쳤습니다.
오경을 구체적으로 보시겠습니까?

초경初更 : 저녁 7시에서 저녁 9시까지
이경二更 : 저녁 9시에서 밤 11시까지
삼경三更 : 밤 11시부터 밤 1시까지
사경四更 : 밤 1시부터 새벽 3시까지
오경五更 : 새벽 3시부터 새벽 5시까지

고칠 경更, 다시 갱更에 담긴 뜻은
고치다, 개선하다, 변경되다, 바뀌다, 갚다, 배상하다
잇다, 계속하다, 겪다, 지나가다, 통과하다, 늙은이
밤 시각, 임기, 번갈아, 교대로, 더욱, 도리어, 반대로
어찌 등이 있습니다.
다른 모양 같은 뜻의 글자로는
고칠 갱, 다시 갱䁔, 고칠 개改, 고칠 개甲, 고칠 전悛
다시 부, 회복할 복復, 다시 복, 덮을 부覆 등이 있습니다.

## 0572 으뜸 패 覇

# 覇

형성문자形聲文字며

으뜸 패覇, 두목 패覇, 覇, 朔, 覇로 새기기도 합니다.

덮을아襾 부수의 이 으뜸 패覇 자는

비우雨 부수의 으뜸 패霸 자 속자俗字입니다.

뜻을 나타내는 덮을 아襾西㔾 부수와

소릿값 으뜸 패朔 자가 만나 이루어졌습니다.

으뜸, 두목, 성姓, 달의 넋, 으뜸가다

'달이 비로소 빛을 얻는 일' 등이 있습니다.

입번할 때 번을 같이 서는 한 무리의 조

대개 40~50명을 패覇라 합니다.

군대의 가장 작은 부대이기도 합니다.

입번한 그대로 군대를 편성한 까닭에

여기에서 생긴 이름을 패覇라고도 합니다.

<144>
진晉초楚경更패霸
조趙위魏곤困횡橫

0573 **나라 조** 趙

0574 **나라 위** 魏

0575 **곤할 곤** 困

0576 **비낄 횡** 橫

진과초는 번갈아서 패주가되고
조와위는 연횡으로 곤란하였네

물론 친秦나라에는 비길 수가 없었지만
진晉과 추楚는 세력이 강대하여 제후의 패자로서
천하를 호령했습니다.
한편 자오趙와 웨이魏 등 약소국은
강대국 사이에서 어려움을 면치 못했습니다.
내가 언젠가 '연횡합종설'을 얘기했더니
어떤 학자가 윽박지르듯 내게 말했습니다.
"아니 스님, 연횡합종설이 뭡니까?"
내가 되물었습니다.
"왜, 뭐가 어디 잘못되었나요?"
"그렇지요 큰스님, '합종연횡설'이 맞습니다".
행여 다툼으로 번질지 몰라 나는 얼른 수긍했습니다.
"그렇군요. 내가 거꾸로 얘기했네요."

내 생각에는 어떻게 부르든 상관없는데
사소한 것 같지만 호칭에 있어서도
어떻게 부르냐에 따라 달라질 수 있습니다.
우리나라 사람으로 남북한을 부를 때,
가령 '북남간'이라 했다면 문제가 커집니다.
곧바로 국가정보원의 부름을 받을지 모릅니다.
사람과 사람 사이에서는
너와 나, 'You and I'라고 할 수 있겠지만

개인을 떠나 국가 단위로 나아가게 된다면
내가 몸 담은 나라 이름을 필히 앞에 놓습니다.
이는 다른 나라에서도 마찬가지입니다.
자기 나라를 앞에 놓고 상대국을 뒤에 놓지요.
우리는 '한일'이지만 일본에서는 '일한'입니다.

남북南北이지 북남이 아니고
한일韓日이지 일한이 아니고
한미韓美이지 미한이 아니고
한중韓中이지 중한이 아니고
한러韓露이지 러한이 아니고
한불韓佛이지 불한이 아니고
한인韓印이지 인한이 아닙니다

한국인들은 경어에 발달되어 있습니다.
그래서 한국인들끼리도 '저희나라'라 하고
외국인을 만나거나 또는 외국에서도
우리나라를 '저희나라'라 부르곤 합니다.
나 개인의 나라가 아니므로 '우리나라'가 맞습니다.
'우리'라는 공동체와 '나라'라는 환경은
어디까지나 떨어질 수 없는 불가분입니다.
그래서 '우리나라'처럼 띄어쓰기조차 없습니다.

객관적으로 볼 때 가까운 나라
벗의 나라友邦를 앞에 놓는 게 맞습니다.
미국과 중국을 놓고도 '중미中美'와 '미중' 중 '미중'이고
일본과 러시아를 놓고도
'일러日露'와 '러일' 중 '일러'입니다.
1965년 한일수교가 이루어지기 전에는
모든 기록에서 러일露日이라 표기했습니다.

아차! 지금《千字文》강의 중이지요?
합종연횡설合從連衡說을 다시 보겠습니다.
'연횡설連衡說은 가로로 맺어진 설이고
합종설合從說은 세로로 이어진 설입니다'
그런데 좀 이상하지 않습니까.
연횡설은 가로 횡橫 자가 있는데
왜 저울대 형衡 자를 써서 '횡'이라 할까요.

가로 횡, 비낄 횡橫 자는 직접적 표현이고
저울대 형衡 자는 간접적 표현입니다.
따라서 '횡橫, 형衡'을 같이 씁니다.
요즘은 다들 '전자 저울'을 쓰고 있습니다.
이른바 '앉은 저울'인데 접시에 물건을 올려 놓으면
그 무게만큼 바늘이 돌아가 가리킵니다.

그런데 옛날 저울은 앉은 저울이 아닙니다.
글자 그대로 저울대衡 형形 저울입니다.
눈금이 새겨진 저울대가 있고,
물건을 다는 곳 가까이에 손잡이 고리와 함께
손잡이가 있습니다.
그리고 손잡이를 중심으로
물건을 다는 곳과 반대쪽에 저울추가 있지요.

이때 달리는 물건과 저울추가 중심을 잡아
저울대가 완전하게 수평을 이룰 때
저울추가 걸린 곳의 눈금을 보고
다는 물건의 무게를 확인했습니다.
도량형度量衡이 무엇입니까.
부피量와 무게衡를 재度는 시스템이고
넓이度 부피量 무게衡를 재는 시스템이지요.

여기서 얘기하려는 것은 합종연횡에서
왜 하필이면 가로 횡橫 자를 두고
저울대 형衡을 놓았느냐는 것입니다.
게다가 발음도 '형'이 아닌 '횡'으로 했느냐지요.
저울대 저울, 양팔 저울은 수평이 기준입니다.
수평은 으레 '가로Breadth'고요.

그래서 합종연횡에서 '횡橫' '형衡'으로 쓰고
발음은 '횡'으로 내더라도 괜찮습니다.
저울대 형衡을 '가로 횡'으로 새기기도 합니다.
연횡설은 칠웅七雄 중 친秦을 제외한 6개국이
관중關中의 친秦과 대치할 때
지리적으로 가로로 놓인 데서 유래한 것이고
합종설合從說은 관동關東의 6국을 합치면
그 지세가 남북으로 길게 뻗게 되는 데서
유래한 용어라 보면 틀림이 없습니다.

**0573 나라 조趙**

형성문자로 나라 조趙, 赵 자며
찌를 조挑 자와 통하는 글자입니다.
뜻을 나타내는 달아날 주走 부수와
소릿값을 나타내는 닮을 초肖 자가 만나
속도를 높여 '빠르게 달아나다'의 뜻입니다.
달리다走, 나라 이름, 자오趙Zhao나라, 성姓의 하나,

긴 모양, 찌르다, 걸음걸이의 느린 모양, 작다, 날쌔다
흔들다, 땅을 파다, 빠르다, 넘다, 미치다及, 닿다
'공간 거리나 수준 등이 일정한 선에 닿다'지요.

자오趙Zhao는 춘치우짠구오시대春秋戰國時代
한 작은 나라의 이름입니다.
전국 칠웅戰國七雄의 하나로서
한韓나라, 웨이魏나라와 함께
진晉을 삼분하여 성립된 나라이니 작긴 작지요.
산씨성山西省과 허베이성河北省에 걸쳤으며
한단邯鄲을 도읍都邑으로 정했습니다.
10대 왕조에 걸쳐 176년 동안을 버텼으나
결국 친秦의 시황띠始皇帝에게 망했습니다.
이는 웨이魏나라도 마찬가지입니다.
자오趙나라와 같은 해에 개국하였다가
같은 해 시황띠에게 모두 무릎을 꿇었지요.
영욕성쇠란 역사에 있어서는 항다반사입니다.

## 0574 나라 위 魏

# 魏

나라 이름이 웨이魏Wei며 빼어날 외魏로 새깁니다.
이는 형성문자로 갈래를 짓습니다.
파자破字하면 귀신 귀鬼 자 부수에
소리값을 나타내는 맡길 위委 자입니다.
나라 위魏 자에 담긴 뜻으로는
웨이魏란 나라 이름 외에
'위'로 새길 경우가 많이 있습니다.
대궐大闕, 궁궐宮闕, 높다, 능히 하다, 좋다
성姓의 하나 등의 뜻이 있고
'빼어날 외'로 새길 경우에는 빼어나다, 출중한 모양
그리고 특출하고 큰 모양 등이 있습니다.

## 0575 곤할 곤 困

困

회의문자며 곤할 곤睏의 간체자입니다.
곤睏은 눈까풀目이 내려앉는 '졸릴 곤'입니다.
곤할 곤困은 나무를 다발로 묶다
붙들다, 괴로움을 겪다의 뜻이지요.
일설에는 나무木가 집口에 갇혀서
제대로 잘 자라지 못하고
난처하게 된 모양으로 새겨 왔습니다.
곤할 곤困 자는 큰입구몸口 안에 나무가 자란 것이니
완전 폐허가 된 옛 건축물입니다.
캄보디아의 '앙코르와트'의 경우입니다.
천년이란 세월이 앙코르와트 사원에 나무가 자라고
뿌리가 뻗고, 무성한 숲이 형성되고
건물 자체가 망가져내리게 만든 것입니다.
그야말로 제행무상諸行無常의 법칙이자
엔트로피 증가의 법칙이 들어맞는 현상입니다.

곤하다, 기운 없이 나른하다, 졸리다, 지치다

괴로움을 겪다, 시달리다, 위태롭다, 위험하다, 막다르다
난처하다, 괴롭다, 통하지 않다, 가난하다, 살기 어렵다
부족하다, 모자라다, 흐트러지다, 어지러워지다
겪기 어려운 일, 난처한 일, 괴로움, 메마른 땅, 척박한 땅
괘卦 이름 따위가 있습니다.
다른 형태 같은 뜻의 글자로 곤할 곤㮧인데
곤困 자의 본자本字입니다.

### 0576 비낄 횡橫

형성문자입니다.
가로 횡, 비낄 횡, 빛 광橫 등으로 새깁니다.
뜻을 나타내는 나무목木 부수와
소릿값을 나타내는 동시에
지키다, 방어하다의 뜻을 지니고 있는
누를 황黃 자로 이루어져 있습니다.
비낄 횡橫 자는 나무 빗장입니다.
문이 열리는 것을 막기 위한 나무입니다.

나무 빗장은 옆으로 끼우는 까닭에
가로의 뜻을 지니고 있습니다.
또한 문틀 위아래에 가로 놓인 나무입니다.

이 가로 횡橫 자에 담긴 뜻으로는 가로, 옆, 곁
뜻밖의, 갑작스러운, 섞이다, 자유자재로
연횡책連衡策, 학교, 가로로 놓다, 옆으로 놓다
뒤엉키다, 가로지르다, 비정상적이다, 덮어 가리다
제멋대로 하다, 거스르다, 방자하다, 사납다
빛 광橫 자로 새길 경우에는 빛, 광채光彩
빛나다의 뜻이 있습니다.
다른 글자 같은 뜻으로는
채울 광, 가로 횡撗 자가 있습니다.

춘치우짠구오春秋战国Chunqiuzhanguo 시대
두 사람의 책사策士며 세객說客이 있었습니다.
한 사람은 쑤친苏秦Suqin으로
합종책合從策을 들고 나왔고
한 사람은 짱이张仪Zhangyi로
연횡책連衡策을 들고 나왔습니다.
우리 발음으로 소진과 장의蘇秦張儀입니다.
당시 친秦나라는 군사력이 막강한 나라였고

중국대륙 중심부에 자리잡고 있었습니다.
그에 비하여 지齊Ji, 추楚Chu, 이엔燕Yan,
자오趙Zhao, 한韓Han, 웨이魏Wei 여섯 나라는
관동에 위치한 약소국가들이었습니다.
그러나 힘을 모으면 이길 가능성이 있다며
쑤친은 합종책을 들고 나왔지요.
힘을 모아 친나라를 치자고 했습니다.
그의 설득이 먹혀들어 갈 즈음이었습니다.

짱이라는 책사 세객이 앞을 치고 나왔습니다.
여섯 나라를 구슬려 화친을 도모했습니다.
친나라가 워낙 강대국이므로
맞서 싸워 백성들을 죽음으로 모는 것보다
친나라와 여섯 나라가 하나로 합하면
오히려 서로 좋지 않겠느냐는 것이었습니다.
이게 바로 연횡책입니다.
중국기는 '우씽홍치五星紅旗'입니다.
이 우씽홍치에 담긴 본래 의미와 달리
우씽홍치로 비유를 들면 좋을 듯싶었습니다.
오른쪽 별이 6개가 아닌 4개지만 말입니다
가령 친秦나라가 왼쪽의 큰 별이라면
여섯 작은 나라들은 오른쪽 작은 별들입니다.

세로로 놓인 작은 별들이 힘을 합하여
왼쪽 큰 별을 치자는 게 합종책이요
왼쪽 큰 별과 오른쪽 작은 별들을
가로로 연결시켜 화친하자는 게 연횡책입니다.

연횡책과 합종책 중 어느 것이 옳은지
정치인들은 잘들 알고 있겠지만
우리 필부들이야 그 어려운 걸 어찌 알겠습니까.
북핵의 완전한 해결을 위해 세계를 향하여
북한을 더욱 옥죄자는 것이
만약 합종책이라고 가정하고
섣불리 건드리기보다 도와주자는 것이
연횡책이라고 한다면 아무래도 억설이겠지요?

<145>
가假도途멸滅괵虢
천踐토土회會맹盟

0577 빌릴 가 假

0578 길 도 途

0579 멸할 멸 滅

0580 나라 괵 虢

진헌공은 길을빌려 괵을멸하고
진문공은 천토에서 맹세모으며

구오號Guo나라와 위虞Yu 나라를
정복하려는 야심을 가졌던 진晉Jin 나라가
위虞 나라에 길을 빌려달라고 했습니다.
결국 이를 핑계로 구오나라를 무너뜨린 뒤
위虞 나라까지 멸망시켰다는 그런 얘기입니다.
군사 계획의 의도를 특수 기밀로 삼아
구체적 수단으로 쓰는 계책입니다.
일본이 우리 조선에게 요구했던
'가도입명책假道入明策'이 문득 생각납니다.

## 0577 빌릴 가假

# 假

거짓 가, 멀 하, 이를 격으로도 새깁니다.
이 빌릴 가假 자에 담긴 뜻은
거짓, 가짜, 임시, 일시, 가령, 이를테면 틈, 틈새
빌리다, 빌려 주다, 용서하다, 너그럽다, 아름답다
매우 크다 따위입니다.
멀다고 할 때는 '멀 하假'로서 '하'로 읽으며
어떤 장소나 시간에 닿다, 이르다
'오다'라고 할 때는 '이를 격假'으로 새깁니다.
의미소에 해당하는 부수 사람인변 亻을 뺀
가叚의 소릿값은 '가'와 '하'가 맞습니다.
그러므로 발음이 '가'와 '하'인 것은 모르겠는데
'이를 격假'으로 읽는 것은 이해가 되지 않습니다.
그러나 아무튼 이는 형성문자며 사람인변 亻에
돌이킬 반反 자를 쓴
거짓 가/돌이킬 반仮 자의 본자입니다.

빌릴 가叚 자는 '층계 단段'이라 새기듯

언덕에 발판을 내어 걸어놓고
손으로 잡고 한 칸씩 오르는 모양입니다.
따라서 '층계 단段' 자와 많이 닮아있는데
단段과 단段이 손又으로 짚어가며
가파른 계단段을 오르는 모습입니다.
해인사 대적광전을 뒤로 돌아
팔만대장경각을 오르려면 계단이 가파르지요.

그야 젊은이라면 모르겠지만
어르신들은 손으로 돌계단을 짚고 오릅니다.
안 그러면 구를 위험성이 있으니까요.
1976년도 해인사 강원에 있으면서
장경각과 고려대장경 안내를 맡았을 때는
왜 그리 가파르게 계단을 설치했는지
도무지 이해가 가지 않았습니다.
그로부터 34년이 지난 2010년 11월에
캄보디아 앙코르와트를 참배하고 나서야
비로소 모든 의문이 풀렸습니다.
부처님 앞에서는 공손할 수밖에 없습니다.
이는 가르침 앞에서도 마찬가지입니다.
부처님과 가르침은 생명의 질서인 까닭입니다.
본디 텅 빈空 세계인 줄 알았으나

거짓假으로 된 계단을 오르는 사이에
빔과 거짓을 뛰어넘는 중도中에 이릅니다.

이 가叚 자가 붙는 글의 뜻으로는
오르다, 타다, '먼 곳에 가다'라는 뜻이 있으며
또 손又을 빌리는叚 데서 임시의 뜻이 있고
거짓의 뜻이 있습니다.
나중에 사람인변亻을 붙여
'사람이 무엇 무엇을 꾸미다' 가 되었습니다.
다른 형태 같은 뜻의 글자로는
거짓 가, 돌이킬 반仮, 거짓 가, 이를 가,
멀 하騢 자가 있습니다.

## 0578 길 도 途

형성문자로서 칠할 도 塗 자와 같은 자입니다.
뜻을 나타내는 책받침 辶 과
소릿값을 나타내는 동시에
보행의 뜻인 나 여 余 자로 이루어졌습니다.
보행하는 길이고 도로의 의미입니다.
책받침 辶 은 쉬엄쉬엄 갈 착 辵/辶 자입니다.

## 0579 멸할 멸 滅

형성문자이며, 꺼질 멸/멸할 멸이라고도 새깁니다.
삼수변氵부수와 소리값을 나타내는 동시에
'없어지다'의 뜻을 지닌 멸威로 이루어졌습니다.
물이 다하여 없어지다의 뜻이며 멸망하다의 뜻입니다.
또한 이 멸할 멸, 꺼질 멸 자에는
불이 꺼지다, 끄다, 멸하다, 멸망하다, 없어지다, 다하다
빠지다, 빠뜨리다, 숨기다, 죽다, 잠기다
열반 등의 뜻이 들어있습니다.

꺼질 멸/멸할 멸滅, 灭, 없앨 혈, 꺼질 멸/멸할 멸威,
멸할 멸滅 자가 열반을 뜻한다 했습니다.
열반涅槃Nirvana이 '끄다'의 뜻이지요.
나에 대한 고정관념我相
남에 대한 고정관념人相
중생에 대한 고정관념衆生相
나이에 대한 고정관념壽者相을 비워버리고
생각의 날개를 마음껏 펼침입니다.

멸滅을 통해서 사상四相을 비웠다면
탐욕貪欲과 분노憤怒와 우치愚癡를 녹여버립니다.
삼독번뇌三毒煩惱를 녹여버렸다면
나고 죽음을 뛰어넘고
더럽고 깨끗함을 뛰어넘으며
늘어나고 줄어듦마저 뛰어넘는 것입니다.

멸할 멸滅 자를 파자破字해 볼까요.
여기는 중국 역사 공부도 아니고
불교교리 공부도 아닌 천자문 공부니까
우선은 한자와 관련해서 살펴볼 일입니다.
멸할 멸滅 자에는 어떤 뜻이 담겼을까요?
첫째 창戈으로 일어난 자 창으로 망합니다.
둘째 남자丁 만으로는 살 수 없습니다.
셋째 중심戊은 블랙홀Black hole 세계입니다.
넷째 개戌는 일식日蝕 월식月蝕을 일으킵니다.
다섯째 한 점의 불火이 천하를 태웁니다.
여섯째 불火을 끄기 위해 뭔가를 덮음冖입니다.
일곱째 큰물氵이 나서 다 휩쓸어갑니다.
여덟째 멸滅 통째로 소멸의 뜻입니다.
멸할 멸滅 자 여섯 번째가 두드러집니다.
불이 타오르는 데는 동기가 있고

불이 꺼지는 데도 반드시 이유가 있습니다.
소화기로 불을 끄는 과학적 원리는
불이 활활 타오르고 있는 곳에서
산소酸素Oxigen를 질식사 시키는 것입니다.
어째 말이 너무 무시무시한가요?
아무튼 산소를 차단하는 게 중요합니다.

불이 났을 때 취해야 할 게 있는데
첫째는 인화물질을 멀리 떼어 놓는 것이고
둘째는 발화점의 온도를 낮추는 일이며
셋째는 산소를 막아 질식시키는 것입니다.
기도가 끝나고 촛불을 끄다가
문득 소화의 원리가 생각났습니다.
긴 담뱃대처럼 생긴 꼬두머리를 촛불에 씌우면
꼬두머리가 덮일 때
그 안에 갇혀 있던 미량微量의 산소가 함께 타면서
산소의 양이 급격히 줄어들게 됩니다.
그럼 어떻게 되느냐고요.
산소酸素가 질식窒息했는데
우리말로 풀면 산소가 숨息이 막혔窒는데
산소를 먹고 사는 불이 어떻게 살 수 있겠습니까.
멸할 멸滅 자에도 들어있지만

간체자 멸할 멸灭 자를 보고 있노라면
옛날 사람들의 일상이 눈앞에 그려집니다.

우리는 불이 나면 어떻게 합니까.
작은 불이라면 우선 신발로 짓밟아 끕니다.
좀 더 커지면 웃옷을 벗어 덮어버립니다.
웃옷으로 안 되면 어찌하나요.
무엇이든 손에 잡히는 대로 두들겨댑니다.
물이면 물, 흙이면 흙 뭐든지 뿌립니다.
그러다 잘못하여 일을 더 그르치기도 하지요.
아무튼 불 위에 뭔가를 덮고 뿌려
불을 잠재우기에 멸할 멸灭 자가 나왔습니다.

내친김에 더 얘기를 이어가야겠습니다.
불을 끄는 소화기의 역할은
아산화탄소二酸化炭素나 질소窒素를 뿌려
불을 질식사시킨다고 했는데
질식 중 가장 힘든 질식은 탄생 순간입니다.
아기가 엄마의 산도產途를 통과할 때
(본디 產道로 쓰는데 나는 產途로 표기)
상상 초월 숨막힘窒息의 고통을 겪습니다.
산모도 신생아도 똑같은 고통입니다

엄마들은 곧잘 얘기합니다.
"내가 너 낳을 때 얼마나 힘들었는지 알아?"
자녀들도 똑같이 힘들었습니다.
그러나 전혀 기억이 나지 않기 때문에
엄마에게 어떤 댓거리도 할 수가 없습니다.
산도에는 골산도와 연산도가 있는데
옛사람들은 연산도를 질膣이라 불렀습니다.
질膣은 육달월변月에 막을 질窒입니다.
우리말 새김은 '보지 질膣'이지요.
이 '보지 질膣 자'를 파자하면
인간의 몸月에서 가장至 소중한 혈穴입니다.
질형膣形, 자궁형은 최상의 명당입니다.
산 자에게나 죽은 자에게나 최고 명당이지요.

그런데 이 질膣 자를 다시 살펴보면
명당名堂 외에 막힘窒이란 뜻도 있습니다.
막힘窒이란 좁은 산도膣란 의미입니다.
비유를 들면 웜홀Wormhole과 같습니다.
하나의 생명이 태어나기 위해서는
엄마의 고통 못지않게 자녀도 힘이 들지요.
태내에 있을 때는 탯줄로 숨을 쉬었지만
태어난 뒤는 완벽하게 다른 삶의 시작입니다.

엄마의 자궁과 바깥 세상과의 연결고리 웜홀을
어떻게 통과하느냐입니다.
하나의 우주에서 다른 우주로 건너갈 때
그 두 우주를 잇는 점은 웜홀입니다.
이 우주에서 살던 삶의 체계로
다른 우주에서는 결코 살아갈 수 없습니다.
따라서 웜홀은 두 우주간의 괴리를
완벽하게 잊어버리도록 하는 장치지요.
그러려면 그만큼 혹독한 과정을 거쳐야 합니다.

막혀 있는 엄마의 산도를 벗어날 때
아기는 자궁 내에서의 삶을 깡그리 잊습니다.
그리고 세상 밖으로 나오면
호흡에서부터 모든 삶의 방식이
세상에 맞게 적응됩니다.
아기 삶은 모태 중 삶의 연속이 아닙니다.
'막힐 질窒' 자와 '보지 질膣' 자는
결코 다른 글자가 아니고
다른 역할을 지니고 있지 않습니다.
완벽하게 하나의 의미를 제공할 뿐입니다.

## 0580 나라 괵虢

범 발톱 자국 괵虢 자로 새기기도 합니다.
범 발톱 자국, 나라 이름
저우周 성姓을 가진 이들의 나라
구오虢Guo나라는 저우 시대周代 제후국의 하나입니다.
본디 구오虢Guo나라는
씨구오西虢Xiguo와 동구오東虢Dongguo가 있었습니다
씨구오는 지금의 산시성陝西省Shanxisheng
바오지시宝鸡市Baojishi 동쪽에 있다가
나중에 허난성河南省Henansheng
산씨엔陝县Shanxian 동남쪽으로 천도하였습니다.
그리고 동구오는 지금의 허난성
잉양滎阳Yingyang에 있었다고 전해집니다.
지아투미에구오假途灭虢jiatumieGuo는
사자성어로 알려진 유명한 말입니다.
길을 빌린다는 명목이지만
실제로는 길 빌려 준 그 나라 그 집단을 집어삼키고
멸망시키는 책략을 가리킵니다.

이 세상은 하나의 모태母胎Womb입니다.
우리는 세상이라는 모태 내에 살면서
이 세상 밖의 더 넓은 세상을 잘 모릅니다.
세상에 태어날 때 길이 좁아 고통스러웠듯이
지금 태내의 삶을 언젠가는 마감하고
드넓은 세상으로 태어날 때가 있을 것입니다.
그때 우린 또 얼마나 좁은 길로 갈 것인지요?

<146>
가假도途멸滅괵虢
천踐토土회會맹盟

0581 밟을 천 踐

0582 흙 토 土

0583 모일 회 會

0584 맹세 맹 盟

진헌공은 길을빌려 괵을멸하고
진문공은 천토에서 맹세모으며

### 0581 밟을 천 踐

문자 분류상 형성문자形聲文字입니다.
뜻을 나타내는 발족변足과 소릿값을 지닌 동시에
'가지런히 벌이다'의 뜻을 지닌 글자
나머지 잔戔 자로 이루어졌습니다.
실제로 양쪽 발을 가지런하게 한다는 뜻이며
나중에 실행實行하다의 뜻으로 쓰입니다.
밟다, 발로 딛다, 짓밟다, 유린하다, 이행하다, 실행하다
실천하다, 소홀히 하다, 베다, 손상하다, 해치다, 다치다
차려 놓다, 옅다, 얕다, 맨발, 늘어놓은 모양 따위의
뜻을 갖고 있습니다.

### 0582 흙 토

상형문자입니다.
흙 토, 뿌리 두, 쓰레기 차로 새깁니다.
으레 모두 흙 토土 부수입니다.
풀과 나무의 싹이 흙덩이를 뚫고
땅 위로 돋아나는 모습을 본뜬 글자입니다.
작게는 '흙'이고 크게는 지구입니다.
토지신의 신체神體를 의미하기도 합니다.
나중에 농업의 신인 사직 사社 자로 쓰게 됩니다.
이 흙 토土 자가 늘 '흙 토' 자는 아닙니다.
앞의 새김에서 본 것처럼 대표적인 새김은 '흙 토' 자지만
나무 뿌리를 얘기할 때는 '뿌리 두'로 새기고
쓰레기, 찌꺼기, 하찮다 등일 때는
'쓰레기 차' 자로 새깁니다.

흙 토土 자에 담긴 뜻으로는
흙, 땅, 토양 육지, 국토, 영토, 곳, 장소, 지방, 고향, 향토
토착민, 오행의 하나, 별 이름, 흙을 구워서 만든 악기

토지신, 측량하다, 대지를 주재하는 신, 살다
자리잡고 살다, 재다, 헤아리다, 토목 따위가 있습니다.
같은 뜻을 가진 한자로는 따 지地
흙덩이 양壤, 뭍 륙, 육陸 자입니다.

인터넷에 들어가 검색하면
없는 것을 빼놓고는 다 있는 편입니다.
"네이버에게 물어봐!"라는 말이 있듯이
주위에서는 네이버Naver를 쓴다고 하는데
나는 구글Google을 즐겨 사용합니다.
구글이 세계적인 검색 엔진이라서가 아니라
구골Googol이 지닌 의미 때문입니다.
1996년 스탠포드대학 박사과정이던
래리 페이지Larry Page와 세르게이 브린Sergey Brin은
페이지 랭크라는 기술을 개발하여
3년 뒤 1999년에 구글이란 회사를 세웁니다.
당시의 설립자 중 한 사람인 세르게이가
워싱턴 포스트지와의 인터뷰에서 밝힌 것은
구골Googol이란 수학용어입니다.

구골은 10의 100자승입니다.
구글이 구골에서 왔고 구골의 뜻이 이러한데

일승원교 화엄학을 최고의 경전으로 믿고
지금까지 수행한 내게는 충격이었습니다.
항하사가 10의 52자승이고
아승지가 10의 56자승이며
나유타가 10의 60자승이고
불가사의는 10의 64자승입니다.
세상에!《금강경》에서 자주 거론되는 항하사도
10의 52자승이나 되는데
항하사의 1조 배인 불가사의이겠습니까.
게다가 무량대수는 10의 68자승이니
불가사의의 1만 배이고
겁劫이란 10의 72자승이니
이는 물경勿驚! 무량대수의 1만 배입니다.

하물며 10의 100승까지 거론하다니
아! 참으로 엄청난 스케일이 분명합니다.
화엄경의 말씀을 빌린다면
삼천대천세계를 삼천대천세계로 곱하길
무량아승지 겁을 지낸다 하더라도
화엄에서 설하는 엄청난 성덕性德을
다 표현할 수 없다는 것입니다.
나는 '구글Google'사랑에 빠졌습니다.

구글로부터 단 한 푼도 받아먹은 게 없습니다.
나는 검색엔진 사용료를 당당히 지불합니다.
나는 구글을 광고하려는 게 아닙니다.
그냥 그 이름에 담긴 의미가 좋고
화엄의 스케일을 닮은 게 좋아서일 뿐입니다.
실제 내가 짚으려는 내용은
구글이 아니고 인터넷 검색을 얘기할 뿐입니다.

지금은 인터넷 보살에게
무엇이든 묻기만 하면 바로 답이 나오지만
내가 타이완을 처음 방문했을 때인
1983년 9월만 해도 인터넷은 고사하고
제대로 된 중국어 사전 한 권 없을 때입니다.
타이완 타이베이시 시가지를 걷는 내게
눈에 띄는 간판이 하나 보였습니다.
'토이기土耳其'였습니다.
그때도 나는 자칭 한문학의 대가였습니다.
누가 인정해주는 것이 아니라 자칭이지요.
그런데 아무리 머리를 굴려보아도
토이기는 해석이 되지 않는 간판이었습니다.
당시 서울 소공동 뒷골목에 있는 타이완 대사관에서
실시하는 중국어강좌 기초반 중급반을

겨우 뗀 정도였습니다.

4개월, 17주, 토탈 17시간 지도받은 실력으로
홀로 타이완에 내렸으니 겁도 없었습니다.
나는 '토이기'란 화두 하나를 끌어안고
동정일여動靜一如 삼매경에 들었습니다.
그러던 중 롱산쓰龍山寺에서 만난 떵거鄧哥
곧 미스터 떵에게 물었습니다.
내 손바닥에서 발효가 되다 못해
시큼하게 변해버린 구겨진 메모를 보며 그가 답했습니다.
"투얼치! 투르키에, 그러니까 터키예요."
미스터 떵은 내가 가지고 다니는
꼬깃꼬깃한 메모지 한 녘에
"Tuerqi/Turkiye/Cumhuriyeti"라고
친절하게 써주기까지 했습니다.
언어란 재미있습니다.
인류의 역사가 언어고
우주와 생명의 이야기가 언어입니다.
모든 문화의 척도가 언어인 까닭입니다.
철학과 사상의 날줄經 씨줄緯이 언어입니다.
종교와 예술은 언어로 다듬어집니다.

우리 선가禪家에서는 불립문자不立文字를 내세우고
언어도단言語道斷을 표방하고 있습니다.
이는 사교입선捨敎入禪의 세계에서나
마음 놓고 부르짖을 언어입니다.
불립문자를 내세우고
언어도단을 표방하는 선승들만큼
말 많은 세계를 나는 아직 본 적이 없습니다.

이왕《千字文》익히기로 한 것
한자의 세계에서 마음껏 헤엄칠 일입니다.
투얼치土耳其Tuerqi, 터키의 음역어
대한민국 형제의 나라 터키!
아직 한 번도 가본 적이 없지만
유럽과 중동에서 가장 큰 도시이자
세계에서 5번째로 큰 도시
약 600제곱km인 서울에 비해
9배나 큰 터키 이스탄불은 꼭 한번 가보고 싶습니다.

## 0583 모일 회會

이는 회의문자입니다.
밥통 덮개요, 밥솥 뚜껑입니다.
뚜껑은 본체가 아래 있고
그 위에 덮는 것을 뚜껑이라 합니다.
본체와 뚜껑이 만나 하나가 되듯
나중에 사람과 사람의 만남으로 풀었습니다.
사람인人 부수에 '불릴 증增' 자를 쓰다가
나중에 왼편의 흙토변土을 생략했습니다.
그리하여 마침내 사람과 사람의 모임을 표현할 때
나타내는 글자로 쓰인 것입니다.

모일 회會 자 부수는 가로왈曰입니다.
여기에는 모이다, 모으다, 만나다, 맞다, 능숙하다, 잘하다
이해하다, 깨닫다, 통계를 내다, 합계를 산출하다
반드시 ~해야 한다, ~할 가능성이 있다와
같은 뜻이 있습니다.
그 밖에 집회, 회합, 계契, 모임, 기회, 시기, 기회

잠깐 동안, 짧은 시간, 회계, 대도시, 때마침 따위와
공교롭게의 뜻도 들어 있고
또는 어떤 목적을 이루기 위하여
여러 사람이 조직한 단체를 뜻하기도 합니다.
다른 형태 같은 뜻으로는
모일 회会, 모일 회會, 모일 회会, 모일 회岃, 모을 회岁
모일 회㣛 자가 있습니다.

### 0584 맹서 맹 盟

# 盟

맹세 맹盟 자는 형성문자입니다.
부수 그릇명皿과 소릿값을 나타내는
밝을 명明이 합하여 이루어진 글자입니다.
밝을 명明 자는 분명하다 확실하다는 뜻이고
피 혈血 자는 희생된 짐승의 피입니다.
나중에 피血를 담는 그릇皿으로 발전합니다.

그리하여 사람들은 희생으로 잡은 짐승의
생피를 뽑아 그릇에 담아 번갈아 마시고
신에게 맹세하며 약속을 하게 됩니다.
맹세盟의 뜻으로 쓰인 것입니다.
이 맹세할 맹盟 자에는 맹서盟誓 외에
약속을 비롯하여 비슷한 사람끼리의 모임과
구역 이름, 땅 이름도 들어있습니다.

낮에는 태양日에게 맹세하고
밤이면 달月에게 맹세합니다.

같은 그릇皿에 희생의 피를 담아 마십니다.
한 모금 한 모금씩 돌아가면서 마십니다.
어디에서 모였습니까. 지앤투踐土입니다.
실천踐의 땅土입니다.
어쩌면 짓밟힌踐 땅土일 것입니다.
인권이 유린踐된 땅土일 것이고
자유가 짓뭉개진踐 땅土일 것입니다.
천토踐土라는 지역 이름에 상황이 담겨 있습니다.

진晉Jin나라 웬꽁文公Wengong은
길을 빌려 구오虢와 위虞를
통째 삼켜버린 진나라 씨앤꽁晉獻公의 아들입니다.
그는 청푸城濮Chengpu 전쟁에서
추楚Chu나라를 격파하고 대승을 거둡니다.
그리고 나서 그는 그 여세를 몰아
지앤투踐土Jiantu에서 제후들을 소집합니다.

그 자리에서 제후들로부터 맹약을 받습니다.
요즘 우리의 눈으로 보면 웃기는 얘기지요.
그러나 당시로써는 어쩔 수 없는 것입니다.
요즘은 절대 그렇지 않을 것이라고요?
총칼의 위협 앞에 아직 서 보지 않았으니

다들 그렇게 쉽게 말할 수 있습니다.
아무튼 말이 좋아 회맹會盟이지
마음에서 우러나와 모인 것이 아니고
마음에서 우러나와 맹세한 것이 아닙니다.
아니, 그럴 수도 있습니다.
요즘의 정당정치처럼
우방들이 모여 단합을 과시했을 수 있습니다.

진나라 웬꽁은 대단한 정치가입니다.
아버지 씨앤꽁으로부터 버림받고
밖으로 밖으로 떠돌면서 많은 것을 느끼고 배웠습니다.
속내를 드러내지 않은 채
엄청난 협박을 강요했을 것입니다.

저우周 천자를 충심으로 섬기자는 것입니다.
희생으로 소를 잡고 영양을 잡아
그 피를 마시게 하며 충성을 강요합니다.
전쟁에 패한 자가 무슨 말을 하겠습니까.

지앤투踐土는 지명입니다.
지신土밟기踐 한 땅일 것입니다.
춘치우春秋Chunqiu시대 정鄭Zheng나라 땅으로서

오늘날 허난성河南省Henansheng
닝저씨엔寧澤县Ningzexian 서북쪽입니다.
그게 확실하냐고요?
아마 어쩌면 맞을 것입니다.
나는 가끔 '남북의 창窓'이라든가
북한과 관련된 방송프로그램을 보면서
때로 안타까움을 금치 못합니다.

어른들이야 그렇다 해도
어린아이들의 충성맹세에서는
어린이로서의 순수가 보이지 않습니다.
참으로 많은 느낌에 잠기곤 합니다.
어린이들이 안타깝다기보다
참으로 고약한 나라라는 생각이 듭니다.
 아이들이 무슨 죄가 있습니까?

## <147>
# 하河준遵약約법法
# 한韓폐弊번煩형刑

0585 **어찌 하** 河

0586 **좇을 준** 遵

0587 **맺을 약** 約

0588 **법 법** 法

약법삼장 준수한이 소하가으뜸
한비자의 형벌주의 폐해컸어라

'허준위에파'의 유래를 한번 살펴볼까요.
위에파約法Yuefa는 간략한 법입니다.
한漢Han나라 까오주高祖Gaozu
그의 이름은 리우빵刘邦Liubang입니다.
그는 한구구안函谷关Hanguguan에서
씨앙위項羽Xiangyu의 친秦qin나라를 쳐 그
야말로 위대한 승리를 거둡니다.
리우빵과 씨앙위에 관한 얘기는 유명하지요.
특히 씨앙위는 워낙 힘이 장사라서
우리 속담에 '항우 장사'란 말까지 있습니다.
리우빵과 씨앙위는 다섯 해를 싸웠는데
열 번의 전쟁에서 리우빵이 아홉 번 지고
마지막 열 번째 크게 이긴 싸움이었습니다.

까오주 리우빵은
그 지방 토호土豪들과
법률삼조목法律三條目을 약속했습니다.
간략한 법률 3가지 조항입니다.
이를 '위에파싼장约法三章Yuefasanzhang'이라 합니다.

1. 살인을 한 자는 역시 사형에 처한다
2. 상해를 입힌 자는 그만큼의 상해를 준다

3. 훔친 자는 그만큼의 재산을 몰수한다
그러나 이 세 가지 조항만으로는
도저히 죄악을 다 막을 수가 없었습니다.
까오주는 쌰오허蕭何Xiaohe를 부릅니다.
쌰오허는 까오주의 명命을 받들어
'한뤼찌우장漢律九章Hanlujiuzhang'을 만듭니다

1. 도율盜律 : 절도에 관한 법률
2. 적율賊律 : 도적에 관한 법률
3. 수율囚律 : 수인에 관한 법률
4. 포율捕律 : 체포에 관한 법률
5. 잡율雜律 : 잡형에 관한 법률
6. 구율具律 : 무기에 관한 법률
7. 호율戶律 : 가정에 관한 법률
8. 흥률興律 : 경제에 관한 법률
9. 구율廏律 : 군마에 관한 법률

법률法律을 간략히 하려는 까오주의 뜻을
쌰오허가 가장 잘 받들었다는 뜻에서
허준위에파何遵約法라 이름한 것입니다.
참고로 쌰오허는 중국 치엔한前漢Qianhan
한까오주汉高祖 때 명재상입니다.

쟝쑤성江苏省 출생으로
장량张良Zhangliang, 한씬韩信Hanxin,
차오찬曹参Caocan과 함께
리우빵 까오주의 공신 중 한 사람입니다.
그가 재상으로 있을 때 친秦Qin나라 법률을 버리고,
한뤼찌우장漢律九章을 만들었는데
원문은 남아있지 않는 것으로 알고 있습니다.

### 0585 어찌 하何

ㅎㅎ? 호호!
좋다는 뜻일까?
ㅎㅎㅎ?
허허허!
어떤 의미를 갖고 있을까요?
카톡, 페이스북에 올리는 글 중
가장 많이 쓰이는 기호 중 하나입니다.
물론, 나도 즐겨 씁니다.

본디 어떤 의미가 내재되어 있을 텐데
다들 '이런 뜻이겠지' 하며 씁니다.
감정을 보다 리얼하게 표현하려고
아예 이모티콘emoticon을 쓰기도 합니다.
그때마다 떠오르는 노랫말이 있습니다.
경허선사의 《가가가음呵呵呵吟》입니다.
가가가음 4글자에 모두 입 구口 자가 있는 것으로 보아
경허선사께서 의성어로 표현한 글입니다.
문어체 '가가가'가 아닌 구어체 '가가가'이리니
그렇다면 하하하이고 허허허일 것입니다.
옳을 가可 자를 보더라도 어찌 하何 자를 보더라도
나는 문득문득 《가가가음》이 떠오릅니다.

그러면서 생각합니다.
'그런데 정말 ㅎㅎ, ㅎㅎㅎ가 뭘까?'
의성어가 맞기는 맞는 것일까?
의성어를 통해 마음을 표현한 것이 맞을까
비우고 또 비우라고 ㅎㅎㅎ虛虛虛일까?
마음이 뭘까 하여 ㅎㅎㅎ何何何일까?
빈둥거리는 나를 향해 가하는
꾸짖음의 채찍으로 ㅎㅎㅎ荷荷荷일까?
나는 또 다른 생각의 자유를 만끽합니다.

형성문자로 분류되며
어찌 하, 꾸짖을 하, 멜 하로 새깁니다.
멜 하, 꾸짖을 하, 잔달 가荷 자의 본자이며
뜻을 나타내는 사람인변亻에
소릿값에 해당하는 옳을 가可 자를 합하여
이루어진 물음 기호interrogation 글자입니다.
하何의 꼴은 짐을 메고 있는 사람 모양이고
'짐을 메다' '짐을 지다'의 하荷 자와
연꽃 하荷 자가 같은 데서 혼용되었습니다.
이 어찌 하何 자에는
어찌, 어느, 어떤, 어떠한, 언제, 얼마, 약간, 무엇
왜냐하면, 잠시, 꾸짖다, 나무라다, 메다, 받다, 맡다
당하다, 해당하다, 걸다, 내어 걸다의 뜻이 있고
성姓의 하나이기도 합니다.
멜 하, 꾸짖을 하, 잔달 가荷, 어찌 나, 어찌 내奈
어찌 나, 어조사 내那, 어찌 기, 개가 개皀 자가
같은 뜻을 지니고 있습니다.
과연 어떻게何 하면 좋지?
매사에 긍정적可인 사람亻이 되라.

## 0586 좇을 준 遵

이 또한 형성문자입니다.
쉬엄쉬엄갈착辶 책받침辶 辵이 부수며
음을 나타내는 동시에 명령을 따른다는 글자
높을 존, 존경할 존尊으로 되어 있습니다.
온순하게 따라감의 뜻으로 쓰입니다.
존경尊하는 이에게는 마음寸을 드러냅니다.
정성스런 마음寸, 잘 발효酋된 술酋을
술잔酋에 가득 부어 공손히 올리는 것입니다.
술酋이 아니면 어떻습니까?
마음 한 조각寸이면 안 되겠습니까?
조심스런 행동거지辵면 좋겠지요.
맵씨도, 말씨도, 맘씨도 서두루지 아니辶하고
차분하고 엄정遵하면 되지 않겠는지요.
이 준遵 자에 담긴 뜻으로는
좇다, 따르다, 따라가다, 거느리다, 지키다
높이다, 공경하다입니다.

### 0587 맺을 약 約

# 約

부절符節이요, 기러기발 적이라고 새깁니다.
부절은 믿음의 표징이고
기러기발은 거문고 가야금 아쟁 따위의
줄을 고르는 기구입니다.
맺을 약約 자 역시 형성문자입니다.
뜻을 나태내는 부수 실사변糸과
소릿값을 나타내는 구기 작勺이 합하여
살포시 모습을 드러낸 글자입니다.
구기 작勺은 담긴 것을 퍼내는 도구이며
다른 것과 확실히 구분짓는 일입니다.
실사변糸이 있는 것으로 보아
한 다발 한 다발 묶는 묶음의 뜻이 확실합니다.

맺다, 약속하다, 묶다, 다발을 짓다, 갖추다
검소하게 하다, 줄이다, 오그라들다, 인색하다, 아끼다
멈추다, 말리다, 쇠하다, 구부리다, 따르다, 준거하다
나눗셈하다, 유약하다, 아름답다

약속, 조약, 어음, 증서를 비롯하여
검약, 검소, 고생, 빈곤, 대략, 대강, 대개 장식
노끈, 새끼 등의 뜻이 들어있습니다.

## 0588 법 법 法

이 법 법法 자는 회의문자에 해당합니다.
물氵은 철저히 중력重力의 법칙을 따릅니다.
따라서 물氵은 높은 데서 낮은 곳으로
자연스레 흘러가는去 규칙이 있습니다.
이는 자연의 법칙입니다.
이러한 자연의 법칙에 따르는 까닭에
인간이 지키고 따라야 할 법과 규정입니다.
물水의 원리는 공평입니다.
이를 수준水準Water Level이라 합니다.
또한 수평水平Horizontality이라고도 합니다.
수준과 수평의 생명은 같고 가지런함입니다.
물은 다이아몬드가 앞에 놓였다 해서
더 반가워하거나 조용히 흐르지 않습니다.

물은 오염된 바위라 해서
비켜 가거나 방향을 틀어 돌아가지도 않습니다.

지위의 높낮이를 막론하고
모든 사람에게 평등하다는 법의 정신은
물氵의 흐름去에 기인하고 있습니다.
법 앞에 모든 사람들은 다 평등하다는 것은
물의 고저평면성高低平面性 때문입니다.
고관대작高官大爵이라 하여 물은 친하려 하지 않고
땀으로 범벅된 농부의 손길이라 하여
물은 결코 그를 멀리하려 하지 않습니다.
법 앞에서는 누구나 평등하다는 것이
법法이란 한자에 고스란히 담겨있습니다.
물氵은 그릇에 맞출 따름입니다.
그릇을 채우고 남는 것은 떠나갑去니다.
황금 그릇에도 집착하지 않고
아름다운 그릇에도 집착하지 않습니다.
둥글면 둥근 대로 모가 나면 모가 난 대로
길면 긴 대로 넓적하면 넓적한 대로
다 채우고 나서 넘치면 넘치는 대로 흘러갑니다.

사람이 죄를 짓는 것은

물氵 흐름去의 법칙을 따르지 않고
끊임없이 채우고 모으려만 하기 때문이지요.
담긴 뜻은 법法, 방법, 불교의 진리, 모형, 꼴
사물의 모양새나 됨됨이, 본받다 따위며
다른 꼴 같은 뜻을 가진 글자로는
법 법金, 법法, 법灋 자가 있습니다.
나라를 이끄는 입법 사법 행정 3개 부서스가
반듯하고 올바른正 세 법金이고
물氵의 흐름처럼 사사로움厶을 떠나
한없이大 공정公한 게 법이며
바다氵에 사는 해태/해치獬廌처럼
올바르지 못한 판정을 내린 재판관은
법정 밖으로 내칠去 수 있음이 법灋입니다.

고사성어에 이런 말이 있습니다.
'법지불행 자상정지法之不行自上征之'라
법이 행해지지 않는 이유가 있으니
위로부터 법을 지키지 않기 때문이라는 뜻입니다.

"한국불교의 거목이셨던 진관사 조실 진관 큰스님이시여!
그예 결국 거룩한 열반에 드셨나이까?
아! 진관 큰스님이시여!

부디 다 버리고 왕생극락하시옵소서.
큰스님 영전에 삼가 일주향을 사르나이다."

<148>
하河준遵약約법法
한韓폐弊번煩형刑

0589 나라 한韓

0590 해질 폐弊

0591 번거로울 번煩

0592 형벌 형刑

약법삼장 준수한이 소하가으뜸
한비자의 형벌주의 폐해컸어라

## 0589 나라 한 韓

# 韓

'나라 한'으로도 새기며 형성문자입니다.
뜻을 나타내는 가죽위韋 부수와
음을 나타내는 글자 '간'으로 이루어졌습니다.
('간'이라 해도 실제 한문에 '한나라 한' 자의
위韋를 뺀 나머지 왼쪽 글자는 없습니다)
우물가를 에워싸는 우물 난간의 뜻입니다.
이 '간' 자를 90° 옆으로 눕히면
우물의 난간 모습이 그려질 것입니다.
한干, 한汗, 한翰이라고 하여
고조선 때 군장을 이르던 말입니다.
한국 위, 한국 한, 나라 한韩, 한韩 자인데
삼한의 통칭, 칠웅七雄의 하나 저우周의 제후국
우물 난간, 성의 하나입니다.
한韓Han은 중국 춘치우짠구오春秋戰國시대
칠웅七雄의 하나로서 웨이魏 차오趙와 같이
진晉나라 영토를 삼분하여 독립했습니다.
그 뒤 기원전 4세기 전반에 이르러서는

허난썽河南省 싼씨성陝西省을 중심으로
영토를 확장하여 국위를 떨치기도 하였습니다.
그러나 173년 만에 나라가 없어지니
유지기간이 403B.C~230 B.C입니다.

그런데 정작 여기서 '한韓'이 뜻하는 것은
중국의 대표적인 법치주의자
한페이韩非Hanfei(B.C280?~B.C230)입니다.
이탈리아에 니콜로 마키아벨리가 있었다면
중국에는 한페이, 한페이즈가 있었습니다.
니콜로 마키아벨리가《군주론》을 썼다면
한페이는《한페이즈韓非子》를 썼습니다.
한페이즈韩非子Hanfeizi의 법가法家는
법에 의해 국가의 통치를 주장한 학파입니다.
콩푸즈孔夫子Kongfuzi의 유가儒家가 자연법 성격의
예禮를 주장한 데 대하여
법가는 실정법實定法에 의해
국가를 통치할 것을 주장하고 있습니다.

한페이는 법률法律 형벌刑罰을 중시하고
경제적으로는 부유하고 잘사는 나라,
군사적으로는 강한 부국강병을 제창했습니다.

한페이는 중국 짠구어戰國 시대 말기의
뛰어난 사상가 중 한 사람입니다.
이름은 페이非Fei이고 즈子Zi는 존칭입니다.
콩즈孔子Kongzi 멍즈孟子Mengzi처럼
이름 뒤에 즈子zi를 붙이면 존칭입니다.
한페이즈韓非子Hanfeizi는
그의 이름인 동시에 그의 저서입니다.
한韓Han나라 왕족으로 태어난 그는
젊은 시절 친秦Qin나라의 리쓰李斯Li와 함께
쒼즈荀子Xunzi를 스승으로 모시고 법을 배워
뒷날 법가의 사상을 완성합니다.
쒼즈가 어떤 사람이었습니까.
인간은, 성품은 본디 나쁘다.
다만 후천적으로 제도와 법에 따라서
나쁜 것을 털어내고 점차로 좋게 닦아간다는
성악설性惡說을 주창한 사람입니다.
어쩌면 그래서일까요?
'나를 착하다 얘기하는 자는 나의 적이고
나를 나쁘다 얘기하는 자는 나의 스승이다' 라고
《명심보감》〈정기편〉에서 얘기했을 것입니다.

나중에 탕唐Tang나라의 한위韓愈HanYu와

혼동을 막기 위해 한페이즈로 수정했습니다.
그의 원래 이름은 한페이韓非Hafei입니다.
한페이는 친나라 리쓰와 함께 법을 배우고
한韓나라에서 벼슬을 하였으나
기대했던 만큼 요직에 발탁되지 않자
저술著述로써 정치 방법을 논한 것입니다.
그는 모든 사람에게 법의 강제성을 주장하여
법가의 대표적인 존재가 되었습니다.
그러면서도 그는 한편으로
도가의 무위자연설無爲自然說과
종횡가從橫家들의 권모와 술수는 물론
유세遊說에 관한 법까지 모두 익혔습니다.

앞서 얘기했듯 그는 한韓나라 왕자입니다.
비록 벼슬을 그만두기는 하였으나
나라에서 필요로 할 때는 발 벗고 나섰습니다.
한韓나라를 위해 친秦나라에 사절로 갔을 때
친의 시황띠始皇帝Shihuangdi가
그의 재주를 칭찬하여 중용重用하려 하자
리쓰李斯의 질투로 독살당하고 맙니다.
리쓰는 한페이와 동문수학한 벗이지요.
스승도 같은 분 쒼즈였습니다.

아예 생판 모르는 사람도 아니었습니다.
인간은 재물 못지 않게 자리욕이 있지요.
친의 시황띠로부터 총애를 받는 것도 싫은데
좋은 자리까지 주어지게 되는 것을
그냥 앉아서 보고만 있을 수는 없었겠지요.

친시황秦始皇은 실로 마음이 아팠습니다.
한페이즈의 피살 소식을 접하고
범인을 찾으려 했지만 이내 접었습니다.
잡고자 한다면 어찌 못 잡겠습니까.
며칠 동안 먹고 마시는 일을 폐했습니다.
시황띠는 한페이의 전제정부에 관한 이론에
깊은 감명을 받은 게 사실이었습니다.
그는 B.C. 221년 중국을 하나로 통일한 뒤
이를 통일국가의 정치 원리로 삼았습니다.
한페이즈는 그의 이름을 따라 명명된 것으로
중국 역사 이래 법가 이론의 총체가 되었습니다.
저우씽쓰周興嗣선생이 《千字門》을 쓰며
한페이즈의 법치주의의 폐단을 열거하면서
번거로운 형벌이라고 한 마디 던집니다.
지나치게 복잡한 형벌주의가
한페이 법가의 폐단이라면 폐단이라고 말입니다.

## 0590 폐할 폐 弊

폐단 폐/해질 폐/닦을 별로 새기며
꼴과 소리로 된 형성문자입니다.
넘어질 폐/짐승 이름 폐獘 자를 비롯하여
덮을 폐, 닦을 별敝 자와 통하는 글자입니다.
부수로 뜻을 담고 있는 개 견犬 자와
소릿값의 해질 폐敝로 이루어져 있습니다.
개가 지쳐 쓰러진다는 뜻이었는데
나중에 개의 뜻이 빠지고, 소릿값을 빌어 깨어지다
찢어지다가 됩니다.
소릿값이 '폐'로 쓰일 경우, 폐단, 부정행위, 해害, 폐해
자기, 사물의 겸칭, 힘쓰는 모양, 해지다, 나쁘다, 곤하다
기운 없이 나른하다, 끊다, 넘어지다, 숨다, 죽다 따위가
되고 '닦을 별'자로 읽힐 경우에는 닦다, 흔들다, 치다
때리다, 휘두르다, 삐치다, 삐침
한자의 필획 삐칠 별丿이 있지요.

## 0591 번거로울 번 煩

# 煩

뜻이 모여 만들어진 회의문자입니다.
머리 혈頁 자와 불 화火 자가 합친 글자지요.
머리頁에 열火이 있어 아프다는 뜻이고
불꽃처럼 마구 타오르는 것입니다.
번거롭다, 번잡하다, 성가시다, 귀찮다, 장황하다
괴로워하다, 바쁘다, 어지럽다, 시끄럽다, 번민, 걱정
번요煩擾, 번조煩燥의 뜻이 있습니다.
이 번거로울 번煩 자는
번뇌할 뇌惱 자로 더불어 번뇌가 됩니다.
번煩이 육체頁적으로 아픈火 병이라고 한다면
뇌惱는 정신忄적으로 복잡한甾 병입니다.
복잡할 치甾 자에서 내 천巛 자를 빼고
아래 밭 전田 자는 밭이 아니라 두뇌입니다.
번뇌에는 108번뇌를 열거하는데
모두 몸과 마음을 떠나서는 얘기가 안 됩니다.

## 0592 형벌 형刑

# 刑

탕기 형刑으로 새기기도 합니다.
탕기湯器는 국그릇입니다.
형벌과 관련된 탕기가 무엇일까요.
그렇습니다.
물 끓이는 가마솥입니다.
국을 끓인다기보다 쇳물을 끓입니다.
어렸을 때, 이재훈 훈장님께서는
"탕기는 국을 담는 국그릇이지만
화탕鑊湯죄인을 삶는 그릇이니라."
이 화탕에서 화탕지옥火湯地獄이 나왔지요.
밀교경전《천수경》〈육향六向〉에 보면
아약향화탕我若向火湯 화탕자소멸火湯自消滅이라 해서
'내가 만일 화탕지옥 가게 된다면
화탕지옥 자연스레 소멸하리라' 했습니다.
화탕火湯의 '화火'는 '확鑊'의 오기誤記입니다.

화탕火湯은 직역하면 타오르는 불꽃이고 끓는 국이지요.

지옥이 온통 이글거리는 불꽃이고
지옥이 온통 끓는 국입니다.
그런데 그 국이 어디에서 끓고 있습니까.
무쇠金로 만든 가마솥蒦입니다.
거대한 솥입니다.
죄인을 삶아 죽이는 형구刑具입니다.
부수는 선칼도방刂입니다.
형벌 형刑은 국그릇 형鉶 자와 같습니다.
무쇠로 된 국그릇鉶에 삶고
끓는 열수공熱水孔에 집어넣는 형입니다.
선칼도방刂이 붙은 것으로 보아
도산지옥이 생각나는 형벌입니다.

열 개开/開 자는 엶Operation의 뜻입니다.
외과에서의 수술은 병을 고침이지만
형벌의 Operation은 수술이 아닙니다.
중세 기독교에서 가한 형벌처럼
그야말로 난도亂刀질입니다.
한페이즈는 형벌에 대해 많은 연구를 했습니다.
형벌 형刑 자에 담긴 뜻은
형벌, 법法, 꼴, 모양, 국그릇, 형벌하다, 벌하다, 제어하다
모범이 되다/준거하여 따르다, 본받다, 다스리다, 되다

이루어지다, 죽이다, 살해하다, 형벌
성姓의 하나 따위입니다.
다른 꼴 같은 의미의 글자로는
형벌 형, 탕기 형 , 벌할 벌罰 자가 있습니다.

아! 시간보다 소중한 게 없듯
시간의 칼날보다 더 날카로운 형구는 없습니다.

## <149>
# 기起전翦파頗목牧
## 용用군軍최最정精

0593 **일어날 기** 起

0594 **자를 전** 翦

0595 **자못 파** 頗

0596 **기를 목** 牧

백기왕전 염파이목 진조의명장
용병술이 누구보다 정밀하였기

### 0593 일어날 기起

형성문자입니다.
뜻이 들어있는 부수 달아날 주走 자와
소릿값 몸 기己 자가 합하여 된 글자입니다.
움직인다는 것은 살아있음입니다.
왜냐하면 죽은 자는 움직이지 못하니까요.
이 일어날 기起 자에 담긴 뜻은 일어나다.
일을 시작하다, 비롯하다, 일다, 발생하다, 출세하다
입신하다, 우뚝 솟다, 일으키다, 기용하다, 파견하다
계발하다, 병을 고치다, 돕다, 떨치다, 널리퍼지다
값이 오르다 따위가 있습니다.
그리고 거듭, 다시, 더욱, 한층, 더와 함께
'기포의 새벽 편지'의 '기'도 있습니다.
한시漢詩의 첫 구를 기起라 하지요.
姓의 하나라고 하는데
아직 내 주변에 기奇씨는 있었지만
일어날 기起의 기起씨는 만나지 못했습니다.

일어난다는 말은 《금강경》에서 수보리가
대중들과 함께 앉아있다가
앉은 자리에서 일어나는 것도 일어남이지만
누운 자리에서 일어남도 일어남입니다.
아다시피 《금강경》의 맛은 일어남이지요.
앉아있던 자리로부터 일어남입니다.
일어남을 뜻하는 이른바 '일어날 기起' 자는
달아날 주走에 몸 기己 자입니다.
중국어에서 저우走는 '걷다'의 뜻이지만
상형문자로는 보폭을 벌려 달리는 모습입니다.
그리고 몸 기己 자가 한글의 'ㄹ'자처럼
서리서리 굽어있는 것은 살아있음입니다.
결코 죽은 시신은 몸 기己 자형이 아닙니다.
모든 시체尸身는 일一자형입니다.
딱딱하게 굳어 굽혀지지 않습니다.
숨이 멎기 전에는 팔다리가 굽혀졌지만
숨이 멎고 일정 시간이 지나면 결코 아닙니다.

어느 날 한 불자가 내게 질문을 던졌습니다.
"큰스님, 사람이 죽어 극락에 갔다면
사십구재를 잘 지내고 났다면
천도재를 지내어 좋은 곳에 태어났다면

또 이미 다른 몸을 받아났다고 한다면
구태여 다시 재를 지내드릴 필요가 없지 않을까요?"
그래서 내가 답했습니다.
"거사님, 소리로 말하면 도플러 효과입니다.
다가오는 소리는 빠르고 높게 들리고
지나간 뒤는 소리가 더디고 낮게 들립니다.
여운이 다 사라지기까지는
거기에 걸맞는 시간이 흐르게 마련입니다.
이는《능엄경》에 나오는 말씀이기도 합니다.
아난다가 친 종鍾의 여운이 이어집니다.
곧바로 멈추지는 않습니다"
라며 나는 또 예를 들었습니다.
"거사님 동위원소의 반감기에 해당합니다.
방사능 동위원소의 반감기가
낱낱 원소에 따라 달리 나타나듯이
사람이 살다간 흔적이 깔끔히 지워지기까지는
그에 마땅한 시간이 소요되게 마련입니다.
그러니 재를 지내고 다른 몸을 받았다 해도
남은 이들의 의식 속에는 반감기로 남아있습니다."

몸이 '리을ㄹ자'처럼 꿈틀대고 있음은
분명 아직은 살아있다는 것입니다.

그러니 부디 몸이 살아있을 때 일어나십시오.
한 번 굳으면 다시 굽혀지지 않습니다.
몸 기己 자처럼 결코 굽혀지지 않을 것입니다.
일어날 기起와 같은 뜻을 가진 한자로는
세울 건, 엎지를 건建, 창성할 창昌, 우거질 번
고을 이름 피蕃, 필 발發, 성할 성盛, 설 립, 자리 위立
세울 수竪, 일 흥, 피 바를 흔興 자가 있습니다.

### 0594 자를 전翦

여기 나오는 자를 전/가위 전翦자는
많이 알려진 자를 전剪 자의 본자입니다.
뜻을 나타내는 부수 깃 우羽 자와
소릿값을 나타내는 앞 전前 자가 만나
꼴은 '자르다'이고 소리는 '전'으로 나면서
형성문자가 이루어진 것입니다.
자르다, 끊다, 베다, 깎다, 멸망시키다, 제거하다
없애다, 가위 깃에 붙인 화살의 뜻이 들어있습니다.

## 0595 자못 파頗

# 頗

자못 파頗 자는 형성문자입니다.
뜻을 나타내는 부수 머리혈頁 자와
소릿값인 동시에 기울다의 뜻을 나타내고 있는
가죽 피皮 자로 이루어진 글자입니다.
이처럼 '머리가 기울다'의 뜻인데
치우치다, 비뚤어지다의 뜻으로 쓰입니다.
가죽 피皮 자는 물결 파波 자와
소리가 비슷한 데서 뜻을 이끌어 와
'겉으로 드러나게 치우치다'로 새깁니다.
물결은 물의 움직임이지요.
물은 육안으로 쉽게 보이지 않습니다.
보이는 것은 곧 물의 움직임 물결일 뿐입니다.

자못 파頗 자에 담긴 뜻은
자못, 꽤, 상당히, 매우, 퍽, 몹시, 대단히, 비뚤어지다
편파적이다, 불공평하다, 치우치다
반듯하지 못하다 등입니다.

'자못 파'의 '자못'이 대관절 무슨 뜻이냐고요?
이는 순수한 우리말로 알고 있습니다.
달리 표현한다면 매우, 퍽, 꽤, 몹시 등이고
한문과 한 데 섞어서 표현하던
대단히 상당히 등의 뜻입니다.
다른 꼴 같은 뜻으로
'자못 파' 자의 간체자 파颇 자가 있으며
꼴이 비슷한 한자로는 저 피彼, 물결 파, 방죽 피波
피곤할 피疲, 가죽 피皮, 깨뜨릴 파, 무너질 피破
입을 피被 자 따위가 있습니다.

## 0596 칠 목牧

# 牧

칠 목牧 자는 뜻이 모여 된 회의문자로
소우변牛=牜에 칠 복攵 자가 만나
이루어진 글자이기에 회의문자입니다.
손에 막대기攵를 들고
소牛를 친다攵는 뜻을 나타냅니다.
예전에는 백성을 친다는 벼슬의 뜻으로
지방 장관을 목사牧使라 했는데
생각보다 '갑甲'의 뜻이 강한 편이었습니다.
나중에 '고을 지킴이'의 뜻이 담긴
군수郡守로 바뀌면서
한결 부드러워졌고
지금도 이 호칭은 이어지고 있습니다.

조선이 낳은 위대한 실학자 다산 정약용 선생은
백성을 가르치는 마음의 책이란 뜻으로
명저《목민심서牧民心書》를 썼습니다.
이 뛰어난 명저《牧民心書》는 조선조 말엽 당시

지방 관리들의 폐해를 없애고

지방 행정을 쇄신하려고 낱낱이 사례를 들어가며

풀어낸 책으로 48권 16책으로 구성되어 있습니다.

참고로 다산 정약용 선생의 저서

'흠흠신서'와 '여유당전서'에 관하여

간단하게나마 소개하고 넘어가겠습니다.


1. 《여유당전서與猶堂全書》

조선 후기 실학자實學者 다산 정약용 선생

이분의 저술을 총정리한 문집입니다.

자그마치 154권 16책입니다.

여유당은 정약용丁若鏞 선생의 호號지요.

여유당전서는 그의 〈흠흠신서(欽欽新書)〉와 〈목민심서〉 등

경세經世의 대문장을 비롯하여

우국과 연민에서 우러나온 여러 논책과

경사고전經史古典에 관한 실증적인 이론을

완벽하게 수록한 방대한 전집입니다.

정인보, 안재홍 교열로 된 활자본 전질은

서기1934~1938년이라는 4년에 걸쳐

신조선사新朝鮮史에 의해

모두 154권 67책으로 간행되었습니다.

또 1883년(高宗 20년)에는 고종황제의 명으로

여유당전서 전체를 필사筆寫하여
내각 규장각奎章閣에 보관토록 하였다고 합니다.
그러나 이보다 앞서 일찍이 간행했던 250권의 《與猶堂集》
246권의 《茶山叢書》 등이 있었다 하나
아쉽게도 자료가 다 없어져
현재로서는 자세히 확인할 길이 없습니다.

2. 《흠흠신서欽欽新書》
조선 제22대 정조正祖 때 실학자였던
정약용丁若鏞 선생이 지은 또 다른 책입니다.
그는 이미 《목민심서》를 낸 바 있었으나
옥사獄事를 처결하는 일에 이르러
사람의 목숨이 왕권에 연계된 것을 보고
순조 22년인 1822년에 다시 편성하였습니다.
이 재미있는 이름 《흠흠신서》에는
《경사요의經史要義》, 《의율차례擬律差例》
《상형추의祥刑追議》, 《전발무사剪跋蕪詞》 등이
실려있으며 30권 10책, 사본입니다.
이는 싸오허苏河Xiaohe의
한뤼지우짱韓律九章Hanlujiuzhang보다
훨씬 정치精致한 글이라 할 것입니다.
흠흠신서의 흠흠欽欽의 뜻은 공경할 흠

신음할 흠欽이라 새기듯이
절옥折獄에 관한 것이 동기이기에
첫째 신음呻吟하다라는 뜻이 들어있습니다.
그리고 둘째는 사랑과 공경입니다.
다산茶山 정약용 선생이 누구입니까.
그는 실사구시實事求是를 바탕한 조선 시대에서는
보기 드문 실학자였습니다.
그는 백성들의 아픔을 함께 아파하면서
동시에 백성을 사랑하는 마음이 가득했습니다.
사랑이 공경欽으로 이어지는 것이지요.
따라서 흠흠신서欽欽新書의 뜻은
아픔과 사랑 슬픔과 공경이 깃들어 있는
새로운 문집이라고 할 것입니다.

이 칠 목牧 자에는 '치다' 외에 가축을 기르다
다스리다, 통치하다, 복종하다, 수양하다
경계를 정하다, 목장, 마소 치는 사람, 목자, 성 밖, 교외
법, 법도, 벼슬 이름 등과 행정 구역 이름의 뜻이 있습니다.
고려와 조선조 때 지방 행정 단위로
각 목牧에는 정3품正三品 품계 벼슬의 목사를 두어
다스리게 했는데 지방의 목을 다스렸지요.
정삼품이라면 당상관으로 영감님이었습니다.

요즘도 군수가 되고 검사가 되면
영감이라고 부르곤 합니다.
오늘날 부시장, 차관보에 해당할 것입니다.
무관으로는 소장에 해당한다 하더군요.

고려에서는 제6대 임금 성종 때
양주楊州, 해주海州 등 12목을 두었다가
제8대 임금 현종 때 8목으로 확 묶었습니다.
조선조 때에는 20목으로 늘려버렸습니다.
요즘 선거구 획정 문제로
인구에 비례하여 지역을 쪼갰다 붙였다 하는데
예전에도 마찬가지여서 벼슬하는 양반들이
정치로 목牧을 늘였다 줄였다 했습니다.
예나 이제나 시민들과는 전혀 관계가 없습니다.

칠 목牧 자를 보면 목자牧者가 생각납니다.
소牛 치攵는 목자에서 따온 말입니다.
성서에서는 듬직한 소가 아니라 순한 양들을
천적으로부터 보호하면서
양들이 마음껏 풀을 뜯게 하고
물가로 인도하여 목을 축이게끔 합니다.
성서 말씀대로라면

양 양羊 자와 먹일 사食 자가 만난 칠 양養 자를 써서
목자牧者가 아니라 양자養者가 맞겠지요.

인류의 최고 목자는 예수그리스도입니다.
단지 양을 비유로 들었을 뿐
이 땅에서 살아가는 모든 생명을 사랑했습니다.
예수는 약한 자를 특히 사랑했지만
강한 자도 함께 사랑했습니다.
없는 자도 사랑했고 가진 자도 사랑했습니다.
그에게는 강한 자 약한 자, 없는 자 있는 자가
다 하나님 가족이니까요.

힘센 양은 멀리하고
힘이 약한 양은 가까이하며
가진 자는 덜 사랑하고
없는 자만을 더없이 사랑하는 게 아니라
힘센 자에게서 힘 약한 자를 돕게 하고
가진 자에게서 가지지 못한 자에게
사랑의 나눔을 실천하도록 유도한 것입니다.
예수의 가르침을 실천하는 이들을
우리는 목사牧師라고 부릅니다.
이 땅에는 훌륭한 목사님들이 참 많습니다.

아프리카와 같은 제3의 세계에서
정말이지 열심히 뛰는 이들이 참 많습니다.
아프리카 수단 톤즈에서 하나님의 사랑을 실천했던
거룩한 목자 이태석 신부님의 한없이 따스한 사랑,
그 부드러운 손길을 정말 쉽게 잊지는 못할 것입니다.

<150>
기起전翦파頗목牧
용用군軍최最정精

0597 쓸 용 用

0598 군사 군 軍

0599 가장 최 最

0600 쓿을 정 精

백기왕전 염파이목 진조의명장
용병술이 누구보다 정밀하였기

## 0597 쓸 용 用

쓸 용用 자가 부수며 상형문자입니다.
집을 둘러싸는 나무 울타리 모양이며
화살을 던져 넣는 투호의 항아리 모습입니다.
물건을 넣는다는 뜻에서
꿰뚫고 나가다, 물건을 쓰다
일이 진행되다 따위 뜻도 나타냅니다.
그 밖에도 쓸 용用 자에는 쓰다, 부리다, 사역하다, 베풀다
일을 벌이다, 시행하다, 행하다, 혜택을 받게 돕다, 하다
일하다, 등용하다, 다스리다, 들어주다
따위가 들어있습니다.
그리고 작용, 능력, 용도, 쓸 데, 방비, 준비, 재물, 재산
밑천, 효용, 씀씀이, 비용, 그릇, 도구, 연장, 써以 따위와
용돈, 비용의 뜻도 들어있고
어떤 명사 뒤에 붙어 쓰이거나 쓰는 물건입니다.

## 0598 군사 군軍

# 軍

군사 군軍 자는 회의문자입니다.
전차戰車 주위를 둘러싼 쌀포몸勹의 생략형으로서
'싸움'이라는 뜻이지요.
따라서 '군사'를 뜻하는 말입니다.
전차 여러 대를 늘어 놓은 진형陳形입니다.
4마리 말이 끄는 전차戰車에
3명의 무사가 타고 10명의 보병이 따랐는데
이를 하나의 전차戰車로 이름붙였습니다.
백 대 수레百乘(1천 3백 명)
천 대 수레千乘(1만 3천 명)로 세어
군대 규모를 나타내기도 하였습니다.
천승千乘이 가령 1만 3천 명이라면 1군軍에 해당하고
이 1군은 1사단의 병력입니다.
옛사람들은 만승천자萬乘天子라 했습니다.
10만 명 이상의 정예 병력을 거느리고
천하를 다스리는 이를 가리키는 말입니다.
1만 대의 자가용을 지닌 자가

곧 천자였다고 풀이하기도 합니다만
여기에는 전차戰車를 포함한 숫자입니다.

군사 군軍 자는 전차에서 비롯합니다.
옛날, 전투를 하려면 기마병 보병이 으레 중심이었지만
전차는 당시로서는 그때그때 최첨단 무기를 사용했습니다.
군사 군軍 자 부수가 수레 거車인 것은
바로 전차에서 왔다는 증거입니다.
군사 군軍 자에 담긴 뜻으로는
군사, 진을 치다, 군부, 군대
육군의 최고 편성 단위 따위입니다.

중국 저우周나라 때 병제兵制로서
사단師團은 연대/여단의 위 그룹입니다.
2,500명 5개 연대를 합친 편성 단위로
병력 12,500명을 1군軍이라 하였습니다.
저우周나라는 B.C 1046년(?)부터 B.C 256년까지
800년간 이어진 실로 대단한 나라인데
예수 그리스도가 이 땅에 출현하기 훨씬 전
이미 멸망한 나라이기도 합니다.
아무튼 이 800년간의 기나긴 역사 속에서
춘치우짠구오春秋戰國시대를 거치고

콩즈孔子 멍즈孟子의 유가를 비롯하여
라오즈老子 쯔앙즈莊子의 도가
쒼즈荀子 한페이즈韓非子의 법가
머즈墨子와 같은 박애주의자가 있었고
숱한 제자백가諸子百家들이 군림했습니다.

나는 머즈를 보면 생각나는 분이 있습니다.
지저스 크라이스트Jesus Christ입니다.
두 분의 인류 사랑이 너무나 같은 까닭입니다.
만약 머즈 선생이 중국이 아닌 유럽에 태어났다면
예수를 뛰어넘는 사랑을 펼치지 않았을까.
몇 번이고 다시 곱씹어보지만
거룩한 성자 예수 그리스도에게서
머즈선생의 표현할 수 없는
크나큰 사랑의 DNA가 느껴집니다.
그리고 '기포의 새벽 편지' 소재가 되고 있는
친秦Qin나라와 차오趙Cao나라의 명장
바이치白起Baiqi, 왕지엔王翦WangJian,
리엔포廉頗LianPo, 리무李牧LiMu도 있었습니다.

저우周가 망할 무렵인 기원전 273년 경
저우나라 인구가 어림 3천만 명이었습니다.

따라서 천자의 나라는 6군을 거느리고
좀 큰 나라는 3군을, 작은 나라는 2군을
아주 작은 나라는 1군을 두도록 했습니다.
천자의 나라라 하더라도
6군 곧 6개 사단 규모로서
겨우 7만 5천 명의 병력 수준이었지요.
참고로 오늘날의 군제를 가져와 십습니다.
군사 조직은 나라에 따라 다르고
시대 상황에 따라 다를 수 있습니다.
아래 전역과 전구는 우리나라에는 없지요.
군집단도 일부 우리와 거리가 있습니다.

공격대Attacke 2~5명
분대Fireteam 8~15명
반Group 8~20명
소대Platoon 20~55명
중대Company 60~2백55명
대대Battalion 3백~1천 명
연대Regiment 1천~3천 명
여단Brigade 2천~5천 명
사단Division 3천~1만5천 명
군단Corps 2만~8만 명

야전군Army 8만~20만 명

군집단Army group 40만~1백50만 명

전역Campaign 1백만~3백만 명

전구Theater 3백만~1천만 명

군사 군軍 자에는

간체자 '군사 군军'을 비롯하여

병사 병兵, 병사 졸/마칠 졸/버금 쉬卒

병장기 융/오랑캐 융戎,

나그네 려/여단旅團 여旅 자가 있습니다.

## 0599 가장 최最

# 最

가장 최最 자는 회의문자입니다.
부수 가로왈曰과 취할 취取의 합자입니다.
따라서 덮쳐 취하다, 빠짐없이 모두 취하다
모든 것 중에서 가장 뛰어난 것으로 취한다는
의미로서 점차 달라져갔습니다.

가장 최最 또는 모을 취, 가장 최冣 자에 담긴 뜻은
가장, 제일, 으뜸, 최상, 가장 뛰어난 것, 모두, 모조리
우두머리, 중요한 일, 요점, 합계, 모이다, 모으다
정리되다, 끊어지다 등이 있습니다.

## 0600 쓿을 정 精

# 精

정할 정/찧을 정/쌀 쓿을 정 외에
정묘로울 정, 정성 정 자 등이고 형성문자입니다.
뜻을 나타내는 쌀 미米 부수와
소릿값을 나타내는 푸를 청靑이 만나
정교함의 이미지를 담아내는 글자입니다.
소릿값을 나타내는 청靑은
푸른 빛, 깨끗하다, 깨끗하게 하는 일로
쌀 미米 자는 곡식을 의미합니다.
쓿을 정精 자는 '곡식을 찧어 깨끗이 하다'로
곧 정미精米를 뜻하는 말입니다.
애벌 쓿은 것을 거칠 조粗라는 데 대해
여러 번 곱게 쓿은 것을 정묘로울 정精이라 합니다.

담긴 뜻으로는 정성을 들여 거칠지 않고 매우 곱다
깨끗하다, 정성스럽다, 찧다, 쌀을 곱게 쓿다, 뛰어나다
우수하다, 가장 좋다, 훌륭하다, 총명하다, 똑똑하다
영리하다, 세밀하다, 정밀하다, 정교하다, 정통하다

능통하다, 능하다, 순수한, 정제한, 정련한, 몹시, 매우
대단히, 정기, 정신, 정력, 원기, 요정, 정령, 요괴, 도깨비
정액精液, 정수精髓, 정수精水, 정기精氣
등의 뜻이 들어있습니다


앞서 언급하지 않은 사대명장을 볼까요.
(1) 바이치白起Baiqi바이치는
춘치우짠구오春秋戰國시대 친秦Qin나라 장수입니다.
산씨성陝西省Shanxisheng에서 태어나
30여 년을 친나라 군인으로서 복무했습니다.
바이치는 모두 89만 명 이상을 넘는
짠구오시대 군사들을 죽이며
인간 도살자라는 칭호까지 얻었습니다.
기록에 따라서는 100만 명에서
크게는 200만 명까지 죽였다고도 합니다.
그는 웨이魏Wei나라를 비롯하여
추楚Chu나라, 한韓Han나라, 차오趙Cao나라
이옌燕Yan나라, 지齊Ji나라 등 여섯 나라를 상대로
73번 이상의 공성전을 펼쳐 모두 함락시킵니다.
그가 장군으로서 종군하는 동안
단 한 번도 패한 기록이 없습니다.
어쩌면 그래서일지도 모릅니다.

그는 왕지엔王翦 , 리무李牧, 리엔포廉頗와 함께
짠구오시대 4대 명장으로 일컬어집니다.


(2) 왕지엔王翦 Wangjian
그의 생몰 년대는 자세하지 않습니다.
왕지엔은 동진東晉시대의 시인이자
인류 역사상 가장 이름 높은 서예가였던
왕씨지王羲之Wangxizhi의 선조입니다.
핀양频阳Pinyang 동씨앙東鄕Dongxiang출신으로
중국 짠구오 시대 말 친나라 명장입니다.
그는 평생 친나라 시황띠를 섬겼고
친을 제외한 여섯 나라 중 가장 막강했던
추楚나라와 차오趙나라를 모두 멸망시킵니다.
가정이지만 만약 왕지엔이 아니었다면
친나라는 천하통일을 이루지 못했을 것입니다.
그만큼 왕지엔의 역할은 친에게 있어서
천하통일의 으뜸가는 공신입니다.


(3) 리엔포廉頗 Lianpo
생몰 년대는 자세하지 않습니다.
춘치우짠구오 시대 차오趙의 명장이지요.
그는 산수傘壽의 나이에도 불구하고

이옌燕Yan나라와 싸워 대승을 거듭니다.
이 리엔포 뒤에는 가장 소중한 벗
린씨앙루藺相如Linxiangru가 있었습니다.
그는 젊은이 못지않은 노익장을 보였습니다.
중국에는 노익장 두 사람이 있는데
리엔포와《三國志》의 황층黃忠이지요.
특히 같은 시대 차오趙 나라 재상이었던
린씨앙루와의 교류는 너무나 지극하여
'웬징지쟈오刎頸之交Wenjingzhijiao'라는
유명한 고사성어故事成語를 낳았습니다.

(4) 리무李牧Limu
짠구오시대 차오趙의 최후 명장입니다.
선배 리엔포廉頗의 천거로 장군이 되었는데
그는 10여 년간 차오의 북방을 지키면서
흉노들을 벌벌 떨게 만들었습니다.
우리 백제에 계백장군이 있었다면
중국 차오에는 리무장군이 있었습니다.
중국 역사상 이들을 사대명장으로 꼽는 데는
으레 이들의 충성도와 기백도 있었지만
무엇보다 군사들을 잘 다스렸다는 것입니다.
어느 명장도 홀로 싸울 수는 없습니다.

명장은 지혜와 덕을 갖춘 자입니다.
아무리 지혜와 전술이 뛰어나더라도
장병將兵들이 만일 하나가 되지 않고서는
전쟁을 완벽한 승리로 이끌어갈 수 없습니다.

그가 덕장德將이며, 지장智將이라면
당장 패하더라도 완패는 아닙니다.
언젠가는 반드시 대승을 거둘 것입니다.
마치 한까우주漢高祖 리우빵劉邦이
씨앙위項羽와 아홉 번 싸워 아홉 번 지다가
한 번의 큰 승리로 설욕하듯이 말입니다.
이들 사대명장은 지덕智德을 갖춘 장군입니다.
오늘날 우리가 충무공을 존경함은
그가 지닌 무인으로서 강직함과
나라를 걱정하는 충성도와
무엇보다 부하를 사랑했던
넉넉한 그의 덕성 때문일 것입니다.

## 동봉스님의 천자문 공부 6권

| 발행 | 2025년 3월 |
|---|---|

| 지은이 | 동봉 스님 |
|---|---|

| 펴낸곳 | 도서출판 도반 |
|---|---|
| 펴낸이 | 김광호 |
| 편집 | 김광호(월암), 이상미(디라) |
| 대표전화 | 031-983-1285 |
| 이메일 | dobanbooks@naver.com |
| 홈페이지 | http://dobanbooks.co.kr |
| 주소 | 경기도 김포시 고촌읍 신곡리 1168 |

\*이 책은 저작권법에 의해 보호를 받는 저작물이므로 무단 전재와 무단 복제를 금합니다.